高职高专"1+X"模式智能新能源汽车专业系列教材

新能源汽车
底盘系统
检修

主 编 敖 亚　祝倩倩
副主编 徐旭升　欧阳全胜　黎 驰　左从兵
参 编 胡敏艺　杨学易　　韦德峰　杨正荣

机械工业出版社
CHINA MACHINE PRESS

本书以新能源汽车底盘转向、行驶及制动系统为主线，介绍了新能源汽车转向系统、行驶系统和制动系统的结构、原理及检测维修技术。

本书的特点是理论联系实际，采用理实一体化教学模式，并将丰富的数字资源以二维码形式插入教材，实现立体化教学。

本书以比亚迪 e5 和秦为主要参考车型，以其他常见新能源车型典型案例为辅，运用了丰富的案例、新颖的资源形式，同时提供了大量有针对性的课后思考题和技能训练项目，以培养学生分析和解决实际问题的能力。

全书内容通俗易懂，深入浅出，适合作为高等职业院校新能源汽车专业核心课教材及"1+X"认证教材，也可用于汽车服务人员在职培训及自学指导。

图书在版编目（CIP）数据

新能源汽车底盘系统检修 / 敖亚，祝倩倩主编 . —北京：机械工业出版社，2022.9（2025.7 重印）
高职高专"1+X"模式智能新能源汽车专业系列教材
ISBN 978-7-111-71854-3

Ⅰ.①新… Ⅱ.①敖…②祝… Ⅲ.①新能源—汽车—底盘—车辆修理—高等职业教育—教材 Ⅳ.① U469.7

中国版本图书馆 CIP 数据核字（2022）第 196006 号

机械工业出版社（北京市百万庄大街 22 号　邮政编码 100037）
策划编辑：齐福江　　　　　责任编辑：齐福江
责任校对：李　杉　王明欣　封面设计：严娅萍
责任印制：李　昂
涿州市般润文化传播有限公司印刷
2025 年 7 月第 1 版第 8 次印刷
184mm×260mm · 15 印张 · 370 千字
标准书号：ISBN 978-7-111-71854-3
定价：69.00 元

电话服务	网络服务
客服电话：010-88361066	机　工　官　网：www.cmpbook.com
010-88379833	机　工　官　博：weibo.com/cmp1952
010-68326294	金　书　网：www.golden-book.com
封底无防伪标均为盗版	机工教育服务网：www.cmpedu.com

前言 FOREWORD

党的二十大报告提到的人才强国战略，内涵丰富，具有新时代的特色。报告非常明确地把大国工匠和高技能人才作为人才强国战略的重要组成部分，人才培养已经成为重大课题。

转向系统、行驶系统和制动系统都属于汽车底盘系统，它们影响着整车的舒适性、安全性与操控性。对于新能源汽车而言，其底盘系统需要适应车载能源的多样性，适用于高度集成的系统模块，同时不限制汽车内部空间与外部造型的设计。在此背景下，新能源汽车的转向、行驶系统和制动系统技术也成为智能新能源汽车技术专业的必修课。本书的编写以思政育人、文化育人、专业育人、实践育人四位一体的教学理念为指导，适合采用理实一体的教学模式，以实际维修案例导入典型工作任务，将思政教育融入课堂教学，注重对使用者专业知识、动手能力和职业素养的综合培养。

本书共有3个项目14个任务，详细介绍了新能源汽车转向系统检测维修、新能源汽车行驶系统检测维修及新能源汽车制动系统检测维修的知识与技能。

本书以"1+X"证书制度的主要理念作为内容选择的参照点，更加注重培养复合型技术技能人才，提高学生的实际动手能力，将理论知识真正应用到实际操作中，提高学生就业创业本领。

本书主要特点是任务引领、理实一体、内容丰富、实车为例、图文并茂、通俗易懂、实用性强。本书还配套了一系列的数字资源，丰富了教材内容和形式，也使教学趣味性更浓。

本书为高职高专院校新能源汽车专业、汽车运用技术专业等教学用书，也可作为成人高等教育或汽车技术人员的培训教材，汽车维修人员和汽车技术爱好者亦可用于自学。

本书由敖亚（贵州轻工职业技术学院）、祝倩倩（贵州轻工职业技术学院）任主编，由徐旭升（贵州轻工职业技术学院）、欧阳全胜（贵州轻工职业技术学院）、黎驰（贵州轻工职业技术学院）、左从兵（贵州长江汽车有限公司）任副主编，参加编写的还有胡敏艺（贵州轻工职业技术学院）、杨学易（贵州轻工职业技术学院）、韦德峰（贵州交通职业技术学院）、杨正荣（贵州装备制造职业学院）。在编写本书的过程中，得到了上海景格科技股份有限公司的大力支持，在此表示感谢。

由于编者的水平有限，书中难免存在一些疏漏和不足，恳请各位读者提出宝贵意见，以便在修订时改正和完善。

二维码使用说明：教材中配有二维码，读者使用前，请先扫描书籍码，每一个用户手机只需要扫一次码，就可以永久查阅教材中的二维码视频资源。

书籍码 TTHXAQG7A

扫码免费看资源

编 者

目 录 CONTENTS

前 言

项目一 新能源汽车转向系统检测维修 ……… 1

 任务一 转向操纵机构检测维修 ……… 2
 任务二 转向传动机构检测维修 ……… 15
 任务三 转向助力装置检测维修 ……… 27

项目二 新能源汽车行驶系统检测维修 ……… 49

 任务一 前悬架检测维修 ……… 50
 任务二 后悬架及其他附件检测维修 ……… 80
 任务三 车架和车桥检测维修 ……… 113
 任务四 车轮定位检测 ……… 124
 任务五 车轮和轮胎检测维修 ……… 137

项目三 新能源汽车制动系统检测维修 ……… 155

 任务一 制动系统概述 ……… 156
 任务二 鼓式制动器检测维修 ……… 160
 任务三 盘式制动器检测维修 ……… 179
 任务四 助力装置检测维修 ……… 192
 任务五 驻车制动器检测维修 ……… 204
 任务六 ABS 检测维修 ……… 215

参考文献 ……… 234

项目一 新能源汽车转向系统检测维修

驾驶人在行车过程中难免需要向左或是向右转弯，要让汽车顺利实现转向就少不了转向系统。

随着汽车行业的飞速发展，转向系统经历了传统的机械转向系统、机械液压助力转向系统、电子液压助力转向系统和电动助力转向系统4个阶段。其中，传统的机械转向系统由于轮胎和地面的反作用力直接传递到转向盘上，所以在转动转向盘的时候很费力。于是机械液压助力转向系统诞生了，该转向系统使转向盘操纵更加轻松，但在高速行驶的条件下，由于转向盘反馈力过小，容易出现"丢方向"的感觉。同时，由于使用了发动机动力作为油泵动力，所以发动机用于行驶的动力会有部分损耗。为解决这一难题，经过改进，电子液压助力转向系统应运而生。该系统在车速高时，助力小、手感更好；在车速低时，助力大、更省力，是助力转向系统技术发展上的一次大飞跃。

当今在节能环保的时代主题下，转向系统又一次升级，产生了电动助力转向系统。该系统省去了液压助力系统，更环保、更节能、更人性化、更安全可靠。

任务一　转向操纵机构检测维修

一客户来到4S店，反映其车辆在转向时有异响，且在转动转向盘后车辆转向反馈有滞后现象。维修技师在对转向拉杆和转向器进行基本检查并确认无异常之后，将故障锁定在转向操纵机构上。请你根据所学知识对转向操纵机构进行检测维修。

学习目标

1）能准确描述转向系统的功用及分类。
2）能正确说出转向操纵机构的组成及各组成部分的功用。
3）能列举转向器的类型及各类型的组成部件与特点。
4）能分析转向操纵机构常见故障的原因及检修方法。
5）能掌握转向操纵机构的拆装与检查要点，并规范地完成实训操作。

知识储备

一、转向系统概述

汽车在行驶过程中，需要按照驾驶人的意志经常改变其行驶方向，即所谓的汽车转向。

实现汽车转向的方法就是通过一套专设的机构，使汽车转向桥上的车轮相对于汽车纵轴线偏转一定角度。在汽车直线行驶时，转向轮往往也会受到路面侧向干扰力的作用，自动偏转而改变行驶方向。此时，驾驶人也可以利用这套机构使转向轮向相反的方向偏转，从而使汽车恢复原来的行驶方向。这一套用来改变或保持汽车行驶方向的系统，称为汽车转向系统。汽车转向系统的作用是保证汽车能够按照驾驶人的意志控制车辆的行驶方向，如图1-1-1所示。

图1-1-1　转向系统的功用

汽车转向系统根据转向能源的不同，可分为机械转向系统和动力转向系统两大类型，如图1-1-2所示。机械转向系统完全依靠驾驶人手力操纵；动力转向系统则借助液压动力或电动助力动力实现转向。无论何种类型的转向系统都离不开转向操纵机构，本节主要针对转向操纵机构展开介绍。

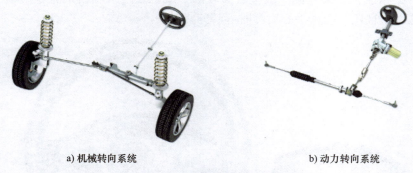

a) 机械转向系统　　　　　　　　　　b) 动力转向系统

图 1-1-2　转向系统的类型

二、转向操纵机构组成

转向操纵机构是驾驶人操纵车辆实现转向工作的装置。转向操纵机构是指从转向盘开始至转向器之间的部件，主要由转向盘、转向轴、吸能柱管、调节结构以及万向节组成，如图 1-1-3 所示。它的作用是将驾驶人转动转向盘的操纵力传给转向器。

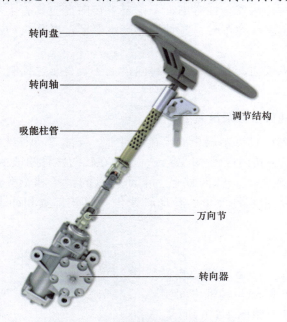

图 1-1-3　转向操纵机构的组成

1. 转向盘

转向盘是操纵行驶方向的轮状装置。转向盘一般通过花键与转向轴相连，驾驶人通过控制转向盘，使汽车按照驾驶人的意图保持或者改变运动方向。

转向盘由轮缘、轮辐和轮毂组成，如图1-1-4所示。轮辐一般为3根辐条或4根辐条，也有用2根辐条的。转向盘轮毂孔具有细牙内花键，借此与转向轴连接。转向盘内部是由成型的金属骨架构成，骨架外面一般包有柔软的合成橡胶或树脂，也有包皮革的，这样可有良好的手感，而且还可防止手心出汗时握转向盘打滑。

图1-1-4 转向盘结构

当汽车发生碰撞时，从安全性考虑，不仅要求转向盘应具有柔软的外表皮，以起缓冲作用，而且还要求转向盘在撞车时，其骨架能产生变形，以吸收冲击能量，减轻驾驶人的受伤程度。

转向盘上装有喇叭按钮，有些轿车的转向盘上还装有车速控制开关和撞车时保护驾驶人的安全气囊装置。

2. 转向轴、转向柱管及其吸能装置

转向柱管通过支架和U形金属板固定在车身上，支撑着转向盘。转向轴是连接转向盘和转向器的转动件，它从转向柱管中间穿过，支撑在转向柱管的轴承和衬套上。

当车辆发生猛烈撞击时，转向轴上、下凸缘盘的销子和销孔脱开，产生轴向位移，通过转向柱管或支架产生塑性变形、转向轴错位等方式，缓和冲击，吸收冲击能量，如图1-1-5所示。

3. 万向节

万向节即万向接头，是万向传动装置的核心元件，它能够在转轴与转轴之间实现变角度的动力传递，如图1-1-6所示。万向节的结构和作用有点像人体四肢上的关节，它允许被连接的零件之间的夹角在一定范围内变化。万向节一般位于传动轴的末端，起到传动轴和驱动桥或传动轴之间的连接作用。

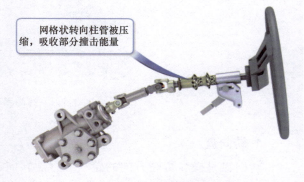

图1-1-5 吸能原理

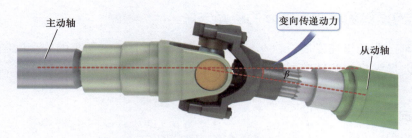

图 1-1-6 万向节的功用

按照万向节在扭转方向上是否有明显弹性，可分为刚性万向节和挠性万向节，如图 1-1-7 所示。

在刚性万向节中，动力是靠两轴间的铰链连接传递的；在挠性万向节中，动力则是靠弹性零件传递的，且有缓冲减振的作用。

刚性万向节又可以分为不等速万向节、准等速万向节、等速万向节，如图 1-1-8 所示。

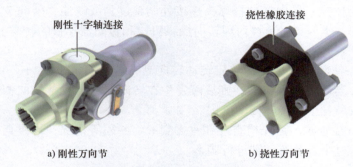

a) 刚性万向节　　　　　　　b) 挠性万向节

图 1-1-7 万向节的分类 – 按是否有弹性分

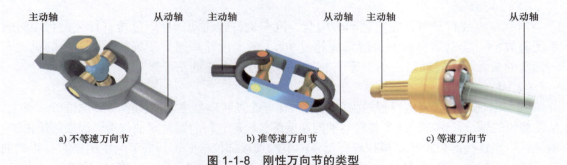

a) 不等速万向节　　　　b) 准等速万向节　　　　c) 等速万向节

图 1-1-8 刚性万向节的类型

1）不等速万向节是指万向节连接的两轴存在夹角时，输出轴和输入轴之间以变化的瞬时角速度比传递运动，但平均角速度相等的万向节，如十字轴式万向节。

2）准等速万向节是指在一定的工作角度范围内，输出轴与输入轴之间以相等的瞬时角速度传递运动，而在其他角度下以近似相等的瞬时角速度传递运动的万向节，如双联式万向节、凸块式万向节、三销轴式万向节。

3）等速万向节是指输出轴和输入轴之间始终以相等的瞬时角速度传递运动的万向节，如球叉式万向节、球笼式万向节。

三、转向操纵机构常见故障的检修方法

随着汽车工业的迅速发展,汽车转向系统不断升级,随之而来的安全问题也越来越得到重视。转向操纵机构和转向器的常见故障主要有转向沉重、转向盘自由行程过大和汽车前轮摆振。

1. 转向沉重

(1) 故障现象

转向沉重是汽车转向常见的故障现象。汽车在行驶过程中,驾驶人向左右转动转向盘时,感到沉重费力,无回正感;当汽车以低速在转弯行驶或掉头时,转动转向盘吃力甚至打不动。

(2) 故障原因

当汽车出现转向沉重的情况时,有可能是轮胎气压不足;轮胎本身定位不准或车轴、车架变形造成轮胎定位失准;转向器主动部分轴承调整过紧,或从动部分与衬套配合太紧;转向器主、从动部分的啮合间隙调整过小;转向器缺油或无油;转向管柱、转向轴弯曲或套管凹瘪造成互相碰擦;转向横拉杆球头连接处调整过紧或缺油;转向节主销与转向节衬套配合过紧或缺油。本任务着重探讨因转向操纵机构和转向器导致的转向沉重的检修方法。

(3) 检修方法

先支撑车辆,使转向轮悬空,然后转动转向盘,若仍然沉重费力,可将转向轴拆下,继续转动转向盘,若明显轻便省力,则故障发生在转向器;若拆下转向轴后转动转向盘仍然沉重费力,则故障发生在转向传动机构。

对转向器进行检查时,需先检查外部有无变形、凹陷等情况,再检查啮合间隙是否过小、轴承间隙是否过小,若有,则进行调整。

2. 转向盘自由行程过大

(1) 故障现象

当汽车直线行驶时,左右转动转向盘,汽车进行转向动作反应过慢;行驶过程中转向系统有异响;转动转向盘的自由量程超过 30°(最大设计车速大于等于 100km/h 的机动车转向盘的最大自由转动量应小于等于 15°),行驶过程中感觉发"飘"。

(2) 故障原因

汽车出现转向盘自由行程过大的情况,有可能是转向器主、从动啮合部位松旷,或主、从动部位的轴承松旷;转向盘与转向轴的连接部位松旷;转向器垂臂轴与垂臂连接部位松旷;横拉杆球头连接部位松旷;横拉杆臂与转向节的连接部位松旷;转向节与主销松旷;轮毂轴承松旷。本任务着重探讨因转向操纵机构和转向器导致的转向盘自由行程过大的检修方法。

(3) 检修方法

检查转向盘与转向轴连接是否松动,若有需要及时进行紧固、调整;检查转向器内主、从动部分的轴承或衬套是否松动,若有松动需及时紧固;检查转向器主、从动部分的啮合是否松动,若有松动需及时调整。

3. 汽车前轮摆振

(1) 故障现象

当汽车以某一特定速度行驶时,两前轮各自围绕主销产生角振动,在垂直平面内产生

有规律的上下跳动现象。前轮轻度摆振时，前轮有小幅度摆动，转向盘也有小幅度的回转摆动，手有振麻感；前轮中度摆振时，汽车行驶轨迹呈现轻度蛇形，转向盘有较明显的摆振，驾驶室有轻微振感；前轮重度摆振时，前轮大幅摇摆，行驶轨迹呈现明显的蛇形曲线，转向盘作较大幅度的回转摆动，驾驶室两侧甚至会出现明显的此起彼伏现象。

（2）故障原因

造成车辆前轮摆振的原因有轮胎不平衡；悬架、转动系间隙大；前束过大；转向盘游动间隙过大；前轴弯曲变形；减振器左右高低不一、弹性不均；转向器啮合传动副过度磨损；横拉杆球头松旷；横拉杆弯曲变形。本任务着重探讨因转向操纵机构和转向器导致的前轮摆振的检修方法。

（3）检修方法

若是因转向盘游动间隙过大导致的前轮摆振，应首先检查转向盘、紧固螺栓及配合花键之间有无松动现象，若有则查阅维修手册，将其紧固至规定力矩。如有必要，应拆检转向器内部机件，查明其故障原因。

若转向器啮合传动副过度磨损，啮合间隙会加大，对转向前轮的约束力下降，发生前轮摆振。此时，应紧固转向器固定螺栓，或更换过度磨损的机件。

实训演练

转向操纵机构的拆装与检查

请扫描二维码，查看"转向操纵机构的拆装与检查"技能视频，结合视频内容及相关资料，规范地完成转向操纵机构的检修实训。

一、实训工具与准备

1）工具：
① 常用工具：世达 100 件工具套装。
② 测量工具：指针式扭力扳手、钢直尺。
③ 专用工具：卡扣起子、内饰撬板、转向盘专用拉拔工具。
2）设备：2018 款比亚迪 e5。
3）防护用品：车内外防护三件套、防护服。
4）耗材：记号笔、胶带。

二、实训前准备

1）穿戴好个人防护用品。
2）铺设车内防护三件套。
3）检查确认车辆状态是否正常。
4）安装车外防护三件套。

三、转向盘自由转动量检查

1）打开车辆电源开关。
2）转动转向盘使车轮朝向正前方。
3）在转向盘上做位置标记。
4）将钢直尺放置于转向盘侧面。
5）向左或向右轻轻转动转向盘直至车轮开始发生偏转，记录转向盘自由转动量如图 1-1-9 所示。

图 1-1-9　记录自由转动量

6）关闭车辆电源开关。

> **注意事项**：最大设计车速大于等于 100km/h 的机动车转向盘的最大自由转动量应小于等于 15°。如果自由转动量超过最大值，需要检查转向系统。

四、转向操纵机构的拆卸

1. 拆卸转向盘

1）断开蓄电池负极电缆。
2）确认前轮朝向正前方，如图 1-1-10 所示。
3）对齐转向盘两侧的小圆孔，使用 T30 套筒、接杆、棘轮扳手组合工具松开 2 个安全气囊固定螺栓，如图 1-1-11 所示。

图 1-1-10　确认车轮朝向

图 1-1-11　安全气囊一侧固定螺栓

4）从转向盘中取出安全气囊模块总成，如图 1-1-12 所示。

项目一　新能源汽车转向系统检测维修

图 1-1-12　安全气囊模块总成

5）松开安全气囊插头卡扣，拔下安全气囊插头，如图 1-1-13、图 1-1-14 所示。

图 1-1-13　安全气囊卡扣　　　　　　　　　图 1-1-14　安全气囊插头

6）取下安全气囊模块，并妥善放置。
7）断开喇叭线束插接器，如图 1-1-15 所示。
8）断开转向盘线束插接器，如图 1-1-16 所示。

图 1-1-15　喇叭线束插接器　　　　　　　　图 1-1-16　转向盘线束插接器

9）使用 14mm 套筒、接杆、指针式扭力扳手组合工具预松转向盘固定螺栓，如图 1-1-17 所示。

图 1-1-17　转向盘固定螺栓

10）使用14mm套筒、接杆、棘轮扳手组合工具拆卸转向盘固定螺栓。
11）使用记号笔在转向盘总成和转向管柱总成上做好装配标记。
12）使用转向盘专用拉拔工具，拉出转向盘总成。
13）取出转向盘总成，并妥善放置。
14）使用胶带固定时钟弹簧，如图1-1-18所示。

注意事项：取下转向盘时，应避免螺旋电缆缠在转向盘上而损坏螺旋电缆。

图1-1-18　固定螺旋电缆

2. 拆卸转向柱

1）使用十字螺钉旋具拆卸驾驶席底部隔音板2颗自攻螺钉，如图1-1-19所示。
2）取下驾驶席底部隔音板，如图1-1-20所示。

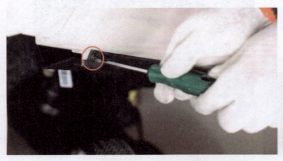　　

图1-1-19　驾驶席底部隔音板自攻螺钉　　图1-1-20　驾驶席底部隔音板

3）使用内饰撬板拆卸仪表板下护板，如图1-1-21所示。
4）依次断开仪表板下护板5个线束插接器。
5）使用十字螺钉旋具拆卸组合开关护罩3个固定螺钉，如图1-1-22所示。
6）使用内饰撬板拆卸组合开关下护罩并取下。
7）取下组合开关上护罩。
8）使用十字螺钉旋具拆卸组合开关3个固定螺钉。
9）依次断开组合开关上的3个线束插接器。

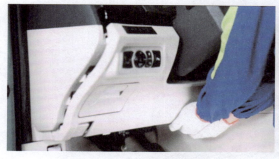
图 1-1-21　仪表板下护板

图 1-1-22　组合开关护罩固定螺钉

10）断开组合开关上的安全气囊线束插接器，如图 1-1-23 所示。

11）拆卸安全气囊线束固定卡扣。

12）取下组合开关总成，并妥善放置。

13）断开转向轴锁线束插接器，如图 1-1-24 所示。

图 1-1-23　安全气囊线束插接器

图 1-1-24　转向轴锁线束插接器

14）使用卡扣起子拆卸转向柱上 2 个线束固定卡扣。

15）用手松开万向节防尘罩 2 个螺母型塑料卡扣，如图 1-1-25 所示。

图 1-1-25　万向节防尘罩螺母型塑料卡扣

16）取下万向节防尘罩。

17）使用记号笔在中间轴下端与转向器输入轴配合处做好装配标记。

18）使用 13mm 套筒、接杆、指针式扭力扳手组合工具预松中间轴固定螺栓，如

图 1-1-26 所示。

图 1-1-26　中间轴固定螺栓

19）使用 13mm 套筒、接杆、棘轮扳手组合工具拆卸中间轴固定螺栓。

20）使用 13mm 套筒、接杆、指针式扭力扳手组合工具预松转向柱上安装点的螺母和下安装点的螺栓，如图 1-1-27 和图 1-1-28 所示。

图 1-1-27　上安装点螺母　　　　　图 1-1-28　下安装点螺栓

21）使用 13mm 套筒、接杆、棘轮扳手组合工具拆卸转向柱上安装点的螺母和下安装点的螺栓。

22）拔出中间轴上的万向节。

23）取下转向管柱及万向节总成，并妥善放置。

五、转向操纵机构的检查

1）目视检查安全联轴器有无磨损或损坏。若有，需更换。

2）目视检查万向节有无疲劳裂纹。若有，需更换，如图 1-1-29 所示。

图 1-1-29　检查万向节

3）目视检查万向节油封有无磨损。若有，需更换。

4）目视检查万向节轴承是否磨损严重。若是，需更换。

六、转向操纵机构的安装

1. 安装转向柱

1）按照装配标记，将中间轴上的万向节装入转向器输入轴上。

2）安装转向管柱总成至合适位置，并旋入上安装点的螺母和下安装点的螺栓。

3）使用 13mm 套筒、接杆、棘轮扳手组合工具拧紧转向柱上安装点的螺母和下安装点的螺栓。

4）使用 13mm 套筒、接杆、定扭式扭力扳手组合工具紧固转向柱上安装点的螺母和下安装点的螺栓至 30N·m。

5）使用 13mm 套筒、接杆、棘轮扳手组合工具拧紧中间轴固定螺栓。

6）使用 13mm 套筒、接杆、定扭式扭力扳手组合工具紧固中间轴固定螺栓至 30N·m。

注意事项：固定螺栓应从万向节无螺纹的一侧拧紧，否则起不到拧紧效果，严重时甚至会导致事故发生。

7）安装万向节防尘罩。

8）安装万向节防尘罩 2 个螺母型塑料卡扣。

9）安装转向柱上 2 个线束固定卡扣。

10）安装转向轴锁线束插接器。

11）安装安全气囊线束固定卡扣。

12）安装组合开关上的安全气囊线束插接器。

13）依次安装组合开关上 3 个线束插接器。

14）将组合开关总成安装至转向柱上。

15）使用十字螺钉旋具安装组合开关 3 颗固定螺钉。

16）安装组合开关上护罩。

17）安装组合开关下护罩。

18）使用十字螺钉旋具拧紧组合开关护罩 3 个固定螺钉。

19）依次安装仪表板下护板 5 个线束插接器。

20）将仪表板下护板安装至合适位置，并将卡扣安装到位。

21）安装主驾驶底部隔音板。

22）使用十字螺钉旋具安装主驾驶底部隔音板 2 个自攻螺钉。

2. 安装转向盘

1）取下固定螺旋电缆的胶带。

2）对齐转向盘与管柱上的标记，装入转向盘，并旋入固定螺栓。

3）使用 14mm 套筒、接杆、棘轮扳手组合工具拧紧转向盘固定螺栓。

4）使用 14mm 套筒、接杆、定扭式扭力扳手组合工具紧固转向盘固定螺栓至

40N·m。

5）安装转向盘线束插接器。

6）安装喇叭线束插接器。

7）安装气囊线束插接器，并锁紧卡扣。

8）对齐安全气囊模块位置，将安全气囊模块放置于转向盘中央。

9）使用 T30 套筒、接杆、棘轮扳手组合工具拧紧两侧固定螺栓。

10）使用 T30 套筒、接杆、定扭式扭力扳手组合工具紧固两侧固定螺栓至 8.8N·m。

注意事项：

① 安装时，需使用新的安全气囊零件。

② 若安全气囊模块总成掉地，或者在壳体、接头上有裂纹、凹坑或其他缺陷，需更换新总成。

③ 当安装安全气囊模块总成时，电线不能和其他部件有干扰，且要避免电线被夹住。

11）安装蓄电池负极电缆。

12）启动车辆，检查车辆 SRS 警报灯是否点亮。

13）转动转向盘，检查转动过程中是否有卡滞和异响。

14）关闭车辆电源开关，转动转向盘，检查转向轴锁是否能正常锁止。

注意事项： 转向操纵机构拆卸后，需重新进行四轮定位并检查转向盘自由转动量。

七、整理清洁

按照 7S 管理标准，整理工具和场地。

任务练习

一、选择题

1. 转向操纵机构拆卸后需重新进行（　　）定位并检查转向盘自由行程。
   A. 一轮　　　　　　B. 二轮　　　　　　C. 三轮　　　　　　D. 四轮

2. 汽车转向系按能源可分为（　　）。
   A. 机械和助力　　　B. 机械和助力式
   C. 动能和助力式　　D. 动能和机械

3. 汽车转向系统的功能是（　　）汽车的行驶方向。
   A. 保持　　　　　　B. 改变　　　　　　C. 保持和改变　　　D. 保持或改变

4. 汽车方向盘不稳的原因不可能是（　　）。
   A. 转向机蜗杆轴承装配过紧　　　B. 前束过大
   C. 横直拉杆球节磨损松动　　　　D. 转向节主销与铜套磨损严重，配合间隙过大

5. 当汽车直线行驶时，左右转动转向盘，汽车进行转向动作反应过慢；行驶过程中转向系有异响；转动转向盘的自由转动量超过（　　），行驶过程中感觉发"飘"。
   A. 10°　　　　　　B. 15°　　　　　　C. 30°　　　　　　D. 40°

二、判断题

1. 转向盘外部是由成型的金属骨架构成。（   ）
2. 机械转向系统不完全依靠驾驶人手力操纵。（   ）
3. 动力转向系统是在机械转向系统的基础上加设一套转向加力装置而形成的。（   ）
4. 转向操纵机构是指从转向盘开始至转向器之间的部件。（   ）
5. 在汽车发生碰撞时，为保护驾驶人安全，要求转向盘坚硬，不变形，以抵抗冲击能量。（   ）

三、简答题

简述造成车辆前轮摆振的因素。

任务二　转向传动机构检测维修

一客户来到 4S 店，反映其车辆在行驶的过程中，需要使用很大力气才能实现汽车转向。在对轮胎胎压和前轮定位进行检查后，分别显示胎压和定位正常；顶起前桥拆下摇臂后，转动转向盘发现转向变得轻便了。现维修技师将故障锁定在转向系统的转向传动机构上，请你根据所学知识对转向传动机构进行检测维修。

学习目标

1）能准确描述转向传动机构的作用。
2）能准确说出非独立悬架传动机构和独立悬架传动机构的差别。
3）能准确列举转向传动机构的组成部件并说出各部件特点。
4）能分析转向传动机构常见故障的原因及检修方法。
5）能掌握转向传动机构的检查要点，并规范地完成实训操作。

知识储备

转向传动机构属于传力机构，它连接转向器和前轮，其功用是将转向器输出的力和运动传到转向桥两侧的转向节，使转向轮偏转，并使两转向轮偏转角按一定关系变化，以保证汽车转向时车轮与地面的相对滑动尽可能小。

转向传动机构的组成和布置形式，因转向器位置和转向轮悬架类型不同而不同。与非独立悬架配用的转向传动机构主要包括转向摇臂、转向直拉杆、转向横拉杆和梯形臂等，如图 1-2-1 所示。

当转向轮独立悬架时，每个转向轮分别相对于车架作独立运动，因而转向桥必须是断开式的。与此相对应，转向传动机构中的转向梯形臂也必须断开。与独立悬架配用的传动机构包括球头销、横拉杆及调节螺杆等，如图 1-2-2 所示。

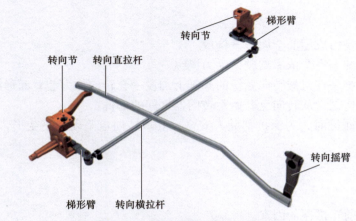

图 1-2-1 非独立悬架传动机构组成

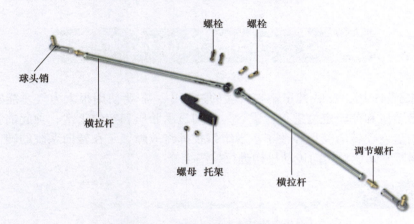

图 1-2-2 独立悬架传动机构组成

但不论是与独立悬架配用的传动机构还是与非独立悬架配用的传动机构，其主要组成都包括转向横拉杆、转向球头和转向节，如图 1-2-3 所示。

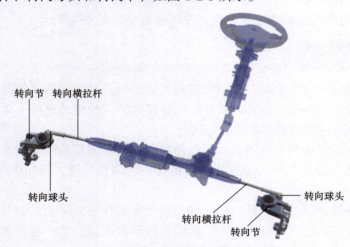

图 1-2-3 转向传动机构组成

一、转向横拉杆与转向球头

1. 转向横拉杆

转向横拉杆是汽车转向机构中的重要零件,它直接影响汽车操纵的稳定性、运行的安全性和轮胎的使用寿命。转向横拉杆位于转向桥上与左右转向梯形臂和前轴组成转向梯形,其作用是传递转向机齿条和转向节之间的力矩及调整前束,如图1-2-4所示。

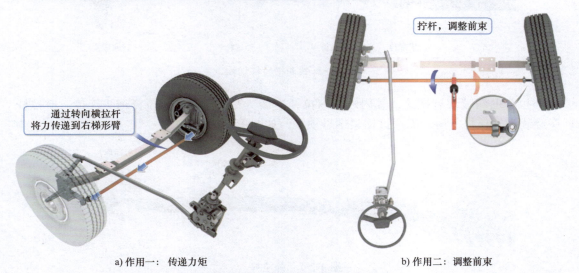

a) 作用一:传递力矩　　　　　　　　　　b) 作用二:调整前束

图1-2-4　转向横拉杆的功用

转向横拉杆分左、右两根,两根的结构完全一样,主要由内、外拉杆,转向球头等组成,其剖面结构见图1-2-5。

内拉杆的内端球头与齿条外端预留的球形孔形成配合副,两者通过铰接螺栓连接在一起。内拉杆可以在齿条外端预留的球形孔内做一定量的摆动,其中齿条支架外端预留的球形孔内压装有橡胶缓冲环,其外端通过外拉杆与转向横拉杆球头连接,如图1-2-6所示。

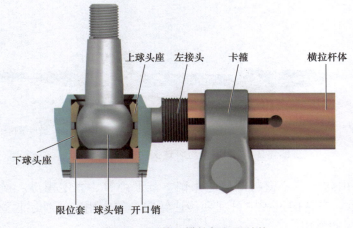

图1-2-5　转向横拉杆剖面结构

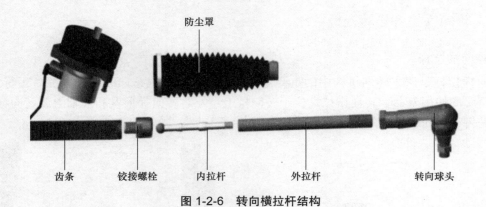

图 1-2-6 转向横拉杆结构

外拉杆的两端都有螺纹，其内端与内拉杆连接，外端与转向横拉杆球头连接。横拉杆球头旋装到外拉杆上后，需通过锁紧螺母锁紧，如图 1-2-7 所示。

图 1-2-7 外拉杆

外拉杆两端的螺纹旋向相反，一端为右旋，另一端为左旋。因此在旋松锁紧螺母后，用特定的工具转动外拉杆，可改变转向横拉杆的长度，从而能够实现转向轮的前束调整（前轮前束）。

2. 转向球头

转向球头安装在转向横拉杆的两端，其外端与转向节连接，如图 1-2-8 所示。

图 1-2-8 转向横拉杆球头的安装位置

转向球头主要由防尘罩、密封圈、球头销、锥形弹簧、固定螺母、横拉杆接头等组成，如图 1-2-9 所示。在转向过程中可起到传递转向力的作用，同时还起到增加横拉杆的自由度，减小其磨损的作用。

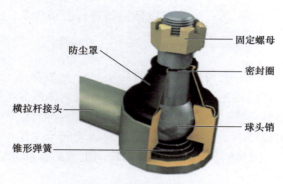

图 1-2-9　转向球头结构

二、转向节

转向节是转向传动机构的最后一级传力部件，是汽车转向系统中的重要零部件之一，其安装位置如图 1-2-10 所示。

图 1-2-10　转向节的安装位置

转向节的功用是传递并承受汽车前部载荷，支撑并带动前轮绕主销转动而使汽车转向。在汽车行驶状态下，它承受着多变的冲击载荷，因此，要求其具有很高的强度。

三、转向传动机构的常见故障与检修方法

与转向操纵系统和转向器的常见故障一样，转向传动机构的常见故障主要也是转向沉重、转向盘自由转动量过大和汽车前轮摆振，只不过出现故障的部位不同，检修方式也会略有差别。

1. 转向沉重

（1）故障现象

转向沉重是汽车转向系统常见的故障现象。汽车在行驶过程中，驾驶人向左右转动转

向盘时，感到沉重费力，无回正感；当汽车以低速转弯行驶或掉头时，转动转向盘吃力甚至转不动。

（2）故障原因

汽车出现转向沉重的情况，有可能是轮胎气压不足；轮胎本身定位不准或车轴、车架变形造成轮胎定位失准；转向器主动部分轴承调整过紧或从动部分与衬套配合太紧；转向器主、从动部分的啮合间隙调整过小；转向器缺油或无油；转向管柱转向轴弯曲或套管凹瘪造成互相碰擦；转向横拉杆球头连接处过紧或缺油；转向节主销与下摆臂球头处配合过紧或缺油。本任务着重探讨因转向传动机构导致的转向沉重的检修方法。

（3）检修方法

检查转向横拉杆球头连接处是否过紧或缺油，若是，则需更换转向横拉杆球头；检查转向节主销与下摆臂球头处是否配合过紧或缺油，若是，则需更换下摆臂球头。

2. 转向盘自由转动量过大

（1）故障现象

当汽车直线行驶时，左右转动转向盘，汽车转向动作反应过慢；行驶过程中转向系统有异响；转动转向盘的自由转动量程超过15°，行驶过程中感觉发"飘"。

（2）故障原因

汽车出现转向盘自由行程过大的情况，有可能是转向器主、从动啮合部位松旷或主、从动部位的轴承松旷；转向盘与转向轴的连接部位松旷；转向器垂臂轴与垂臂连接部位松旷；转向横拉杆球头连接部位松旷；转向横拉杆臂与转向节的连接部位松旷；转向节与主销松旷；轮毂轴承松旷。本任务着重探讨因转向传动机构导致的转向盘自由转动量过大的检修方法。

（3）检修方法

检查转向横拉杆球头连接部位、转向横拉杆臂与转向节的连接部有无松旷，若有，则需使用专用工具拆下转向横拉杆和转向节；检查螺母预紧力是否超过规定值，若超过，则应更换新的转向横拉杆球头。

3. 汽车前轮摆振

（1）故障现象

当汽车以某一特定速度行驶时，两前轮各自围绕主销产生角振动，在垂直平面内产生有规律的上下跳动现象。轻度前轮摆振时，前轮有小幅度摆动，转向盘也有小幅度的回转摆动，手有振麻感；中度前轮摆振时，汽车行驶轨迹呈现轻度完全的蛇形，转向盘有较明显的摆振，驾驶室有轻微振感；重度前轮摆振时，前轮大幅摇摆，行驶轨迹呈现明显的蛇形曲线，转向盘作较大幅度的回转摆动，驾驶室两侧甚至会出现明显的此起彼伏现象。

（2）故障原因

造成车辆前轮摆振的原因有轮胎不平衡；悬架、转动系间隙大；前束过大；转向盘游动间隙过大；前轴弯曲变形；减振器左右高低不一、弹性不均；转向器啮合传动副过度磨损；横拉杆球头松旷；横拉杆弯曲变形。本任务着重探讨因转向操纵机构和转向器导致的前轮摆振的检修方法。

(3）检修方法

横拉杆球头松旷主要是由横拉杆球销、球座磨损以及横拉杆接头弹簧弹力减弱所致。若是因横拉杆球头松旷导致汽车前轮摆振，应根据情况分别采取更换横拉杆接头球销、球座、弹簧，调整接头螺塞，加装调整垫片等措施。

若是横拉杆弯曲变形，必然会导致前轮的前束值错误。前束值的测量方法是：用千斤顶顶起车辆前桥后将转向盘调正，保证车轮为直线行驶状态。在两前轮中央标记两点，用卷尺测量两点之间的水平距离，记做 A。将两前轮旋转 180°，测相同两点的距离，记做 B。用 B-A，得出的值为负值，则说明前束值不准，需要调整。

调整时，需拆开转向横拉杆两端的固定螺栓，不断转动转向横拉杆，转动过程中测量前束值，直到前束值符合要求为止。

实训演练

转向传动机构的检查

请扫描二维码，查看"转向传动机构的检查"技能视频，结合视频内容及相关资料，规范的完成转向传动机构的检修实训。

一、实训工具与装备

1）工具：
① 钳类工具：尖嘴钳、鲤鱼钳、卡箍钳。
② 专用工具：电脑诊断仪、指针式扭力扳手、定扭式扭力扳手、球头拆除器。
③ 常用工具：世达 100 件工具套装、活动扳手。
2）设备：2018 款比亚迪 e5、举升机。
3）防护用品：车内外防护三件套、安全服。
4）资料及耗材：记号笔、螺纹胶。

二、实训前准备

1）穿戴好个人防护用品。
2）铺设车内防护三件套。
3）检查确认车辆状态是否正常。
4）安装车外防护三件套。

三、转向柱和转向机噪音和机械干涉检查

1）打开车辆电源开关。
2）转动转向盘，检查转动过程中转向柱是否有卡滞和异响，转向机工作声音是否正常。

注意事项：

①若转向柱存在卡滞或异响，应更换新的转向柱。
②若转向机声音不正常，则说明存在机械干涉，需进行检修。

四、转向传动机构拆卸

1. 转向外拉杆拆卸

1）拆卸两侧前车轮，并放置于合适位置。
2）举升车辆至合适位置，并锁止举升机。
3）使用尖嘴钳拆卸转向外拉杆球头固定螺母开口销，如图 1-2-11 所示。
4）使用 18mm 套筒、接杆、指针式扭力扳手组合工具预松转向外拉杆球头固定螺母，如图 1-2-12 所示。

图 1-2-11 转向外拉杆球头固定螺母开口销　　图 1-2-12 转向外拉杆球头固定螺母

5）使用 18mm 套筒、接杆、棘轮扳手组合工具拆卸转向外拉杆球头固定螺母。
6）使用球头拆除器分离转向外拉杆与转向节，如图 1-2-13 所示。

图 1-2-13 分离转向外拉杆与转向节

7）拆卸驱动桥及副车架总成。
8）使用 19mm 套筒、接杆、指针式扭力扳手组合工具配合 15mm 扳手预松转向机 4 颗固定螺栓和螺母，如图 1-2-14 所示。
9）使用 19mm 套筒、接杆、棘轮扳手组合工具配合 15mm 扳手拆卸转向机 4 颗固定螺栓和螺母。

10）取下转向总成，并妥善放置。

11）使用记号笔在转向外拉杆上做装配标记。

12）使用22mm扳手配合17mm扳手松开转向外拉杆锁紧螺母，如图1-2-15所示。

图1-2-14 转向机固定螺栓和螺母

图1-2-15 转向外拉杆锁紧螺母

13）用手旋松转向外拉杆锁紧螺母。

14）用手旋出转向外拉杆，并妥善放置。

15）用手旋出转向外拉杆锁紧螺母。

2. 转向内拉杆拆卸

1）使用鲤鱼钳取下转向拉杆防尘套外侧卡箍，如图1-2-16所示。

2）使用卡箍钳剪断转向拉杆防尘套内侧卡箍，如图1-2-17所示。

图1-2-16 转向拉杆防尘套外侧卡箍

图1-2-17 转向拉杆防尘套内侧卡箍

🔔 **注意事项**：转向拉杆防尘套内侧卡箍为一次性卡箍，拆卸后需更换新件。

3）取出转向拉杆防尘套，并妥善放置。

4）目视检查转向内拉杆是否变形、损伤，若有，应更换新的转向内拉杆。

5）用手转动转向拉杆内球头进行检查，如图1-2-18所示。

🔔 **注意事项**：若检查过程中存在卡滞或异响的情况，应更换新的转向拉杆内球头。

6）使用活动扳手预松转向内拉杆。

图1-2-18 检查转向拉杆内球头

7）用手旋出转向内拉杆，并妥善放置。

五、转向传动机构检查

1）目视检查转向拉杆防尘套是否有漏油、龟裂和损伤，若有，应更换新的转向拉杆防尘套及卡箍，如图 1-2-19 所示。

2）用手转动转向外拉杆球头，检查转动过程中是否有卡滞和异响等情况，若有，应更换新的转向外拉杆球头，如图 1-2-20 所示。

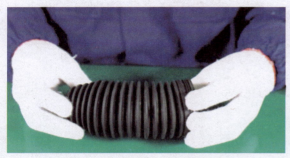

图 1-2-19　检查转向拉杆防尘套

图 1-2-20　检查转向外拉杆球头

3）用手指用力按压转向外拉杆球头防尘套，检查防尘套是否有漏油、龟裂和损伤，若有，应更换新的转向外拉杆球头，如图 1-2-21 所示。

4）目视检查转向外拉杆螺纹是否有损伤，若有，应更换新的转向外拉杆，如图 1-2-22 所示。

图 1-2-21　检查转向外拉杆球头防尘套

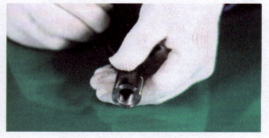

图 1-2-22　转向外拉杆螺纹

六、转向传动机构安装

1. 转向内拉杆安装

1）在转向内拉杆上涂抹螺纹胶，如图 1-2-23 所示。

2）用手将转向内拉杆旋至转向机。

3）使用开口扳手拧紧转向内拉杆。

4）安装转向拉杆防尘套至合适位置。

5）安装新的转向拉杆防尘套内侧卡箍，并使用卡箍钳紧固卡箍。

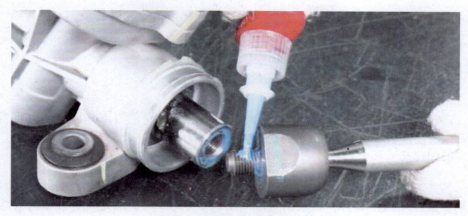

图 1-2-23　涂抹螺纹胶

6）使用鲤鱼钳安装转向拉杆防尘套外侧卡箍至初始位置。

2. 转向外拉杆安装

1）用手旋入转向外拉杆锁紧螺母。

2）用手旋入转向外拉杆。

3）使用 22mm 扳手配合 17mm 扳手拧紧转向外拉杆锁紧螺母。

4）将转向机总成放置于副车架上，并用手旋入 4 颗固定螺栓和螺母。

5）使用 19mm 套筒、接杆、棘轮扳手组合工具配合 15mm 扳手拧紧转向机 4 颗固定螺栓和螺母。

6）使用 19mm 套筒、接杆、定扭式扭力扳手组合工具配合 15mm 扳手紧固转向机 4 颗固定螺栓和螺母至 70N·m。

7）安装驱动桥及副车架总成。

8）将转向外拉杆球头装入转向节孔内，并用手旋入固定螺母。

9）使用 18mm 套筒、接杆、棘轮扳手组合工具拧紧转向外拉杆球头固定螺母。

10）使用 18mm 套筒、接杆、定扭式扭力扳手组合工具紧固转向外拉杆球头固定螺母至 49N·m。

注意事项：如果开口销孔未对齐，需将螺母再旋转 60°。

11）安装新的转向外拉杆球头螺母开口销。

12）降下车辆至合适位置，并锁止举升机。

13）安装两侧前车轮。

注意事项：转向传动机构安装后，需重新进行四轮定位，并对转向角度和扭矩进行标定。

3. 转向传感器标定

1）确保转向盘和轮胎处于中间位置，并且转向盘不受任何外力作用。

2）将诊断仪插头连接至车辆诊断接口。

3）打开车辆电源开关。

4）打开诊断仪电源开关，进入新能源汽车界面。

5）选择比亚迪车系，选择比亚迪 e5 车型。

6）进入诊断界面。

7）选择读取控制单元数据，进入底盘模块。

8）待车辆通信完成后，进入助力转向系统。

9）进入特殊功能，选择扭矩标定，读取扭矩传感器当前零点并确定，再将当前扭矩传感器采样值设定为零点，并确认操作成功。

10）以同样的方法进行转向盘转角标定。

注意事项：如果操作后诊断仪显示"操作错误或命令错误"，需再次进行信号标定；如果多次标定仍未成功，需检测整车 CAN 网络是否正常或更换新的转向器总成。

11）退出比亚迪诊断界面。

12）关闭车辆电源开关。

13）拔下诊断仪插头，取下诊断仪及相关附件。

七、整理清洁

按照 7S 管理标准，整理工具和场地。

任务练习

一、选择题

1. 转向传动机构的常见故障主要是（　　）。
   A. 转向沉重、转向盘自由行程过大和汽车前轮摆振
   B. 转向盘自由行程过大和汽车前轮摆振
   C. 转向沉重和汽车前轮摆振
   D. 转向沉重和转向盘自由行程过大

2. 转向传动机构主要包括（　　）。
   A. 转向摇臂、转向直拉杆、转向横拉杆和转向梯形
   B. 转向摇臂转向横拉杆和转向梯形
   C. 转向摇臂、转向直拉杆和转向梯形
   D. 转向直拉杆、转向横拉杆和转向梯形

3. 转向传动机构的（　　），因转向器位置和转向轮悬架类型不同而不同。
   A. 组成或布置形式　　　B. 组成
   C. 组成和布置形式　　　D. 布置形式

4. 转向传动机构属于（　　）。
   A. 转向机构　　B. 传力机构　　C. 转动机构　　D. 动力机构

5. 转向传动机构拆卸后，需重新进行（　　）定位，并对转向角度和扭矩进行标定。
   A. 一轮　　　B. 二轮　　　C. 三轮　　　D. 四轮

二、判断题

1. 内拉杆的内端球头与齿条外端预留的球形孔形成配合副，两者通过铰接螺栓连接在一起。（　　）
2. 转向横拉杆分左、右两根，两根的结构完全不一样。（　　）
3. 转向横拉杆是汽车转向机构中的重要零件，它直接影响汽车操纵的稳定性、运行的安全性和轮胎的使用寿命。（　　）
4. 转向横拉杆位于转向桥上与左右转向梯形臂和前轴，组成转向梯形。（　　）
5. 横拉杆球头旋装到外拉杆上后，不需通过锁紧螺母锁紧。（　　）

三、简答题

简述转向沉重的故障因素。

任务三　转向助力装置检测维修

一客户来到 4S 店，反映他的纯电动汽车在转向过程中无助力。维修技师经过试车，发现车辆在低速时转向不灵活、高速时转向路感差，但转向时并无异响，也无故障指示灯点亮。现维修技师初步将故障锁定在转向助力装置上面。请你根据所学知识对转向助力装置进行检测维修。

学习目标

1) 能准确描述转向助力装置的功用。
2) 能准确列举转向助力装置的类别。
3) 能准确描述液压转向助力装置和电动转向助力装置的组成及特点。
4) 能分析转向助力装置常见故障的原因及检修方法。
5) 能描述液压转向助力装置和电动转向助力装置的工作过程。
6) 能掌握转向系统检查及电动转向机分解与组装的要点，并规范地完成实训操作。

知识储备

前面提到，汽车转向系统根据转向能源的不同，可分为机械转向系统和动力转向系统两大类型。

机械转向系统完全靠驾驶人手力操纵为转向能源，其所有传力装置都是机械的。它由转向操纵机构、转向器和转向传动机构三大部分组成，如图 1-3-1 所示。

动力转向系统则是兼用驾驶人的体力和发动机或电动机的动力作为转向能源的转向系统，在正常情况下，汽车转向所需的能量只有一小部分由驾驶人提供，而大部分能量由发动机或电动机通过转向助力装置提供。因此，动力转向系统是在机械转向系统的基础上加设一套转向助力装置而形成的。

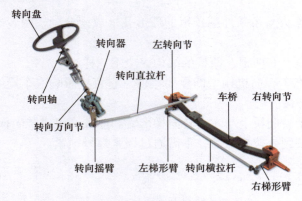

图 1-3-1 机械转向系统组成

动力转向系统由转向操纵机构、机械转向器、转向助力装置、转向传动机构组成，根据助力能源形式的不同主要可分为液压助力和电动助力两种类型，如图 1-3-2 所示。

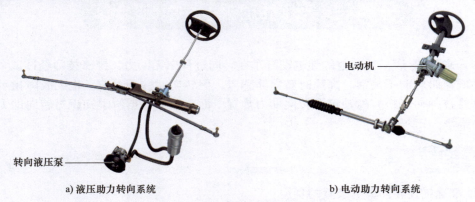

a) 液压助力转向系统　　　　　　　b) 电动助力转向系统

图 1-3-2 动力转向系统类型

一、液压助力转向系统

1. 液压助力转向系统结构原理

液压助力转向装置的液压力是由发动机提供的。发动机通过皮带轮带动助力泵将转向液从储油罐抽到转向油泵里建立转向液压。其主要由液压助力器、储油罐、转向油泵、转向控制阀及管路组成。液压助力转向系统的结构如图 1-3-3 所示。

直线行驶时，转向液通过转向油泵、转向控制阀装置直接流回转向储油罐，如图 1-3-4a 所示。

左转向时，转向控制阀打开流向动力油缸两端的两条油路，动力油缸被活塞分割成左右两部分。流向左端的油路开口大于流向右端油路的开口，左端液压大于右端液压从而推动活塞从左向右移动。通过转向横拉杆作用于转向轮实现左转，转向液从动力油缸右端流回控制阀，如图 1-3-4b 所示。

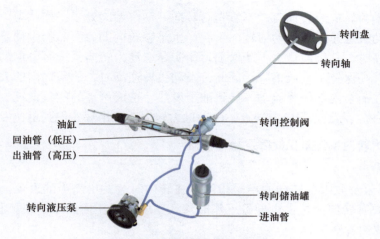

图 1-3-3 液压助力转向装置

右转向时，流向右端的油路开口大于流向左端的油路开口，右端的液压大于左端的液压从而推动活塞从右向左移动。通过转向横拉杆作用于转向轮实现右转，转向液从动力油缸左端流回控制阀，最终流回储油罐，从而实现助力转向，如图 1-3-4c 所示。

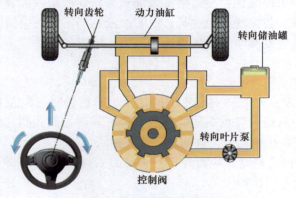

a）直线行驶时工作过程

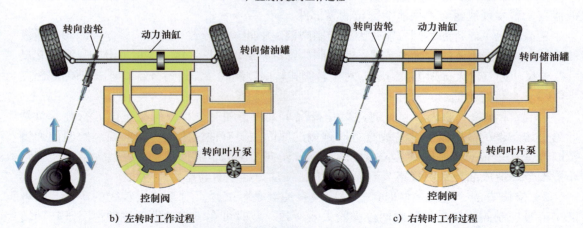

b）左转时工作过程　　　　　　　　　c）右转时工作过程

图 1-3-4 液压助力转向装置工作过程

对于液压助力转向装置而言，不管是否转向，油泵始终处于工作状态。另外，油泵供油量是根据发动机怠速时能使动力转向系统产生足够转向助力所需的供油量来确定的。当发动机转速升高时，其供油量也不断增加，而实际上动力转向系统所要求的供油量应随着发动机转速的升高保持不变或下降。因此，发动机转速高时，油泵输出的大部分油液通过溢流阀返回，在油泵内部循环流动，导致油泵发热，造成严重的能量消耗，使汽车燃油消耗率增加 4%~6%。为了克服以上缺点，电动助力转向系统出现并得到迅速发展。

2. 液压助力转向系统常见故障及检修方法

（1）转向噪声

1）故障现象及原因：转向噪声是指汽车在转向时会发出噪声的现象。造成汽车转向噪声的原因主要有转向液量太少导致工作时渗入空气；液压回路中出现沉积物导致堵塞；油管接头松动或油管破裂。

2）检修方法：若是因转向液量太少导致工作时渗入空气导致的转向噪声，检修时首先应检查转向储油罐液面高度，若液面低于"MIN"线，则添加转向液；检查转向液中是否有空气的方法是，起动发动机并使其处于怠速运转状态，来回转动几次转向盘，观察转向油液中是否有气泡，若有，说明转向液中混入空气，应排除。

若是因液压回路中出现沉积物导致堵塞或油管头松动或油管破裂导致的转向噪声，检修时需取下储油管滤网。若发现滤网过脏，说明油液循环不畅，应清洗；若油路管出现弯折、凹瘪甚至破裂，则应更换油管。晃动油管接头，检查各油管接头处有无泄漏，若发现接头松动，需紧固。

（2）左右转向轻重不同

1）故障现象及原因：左右转向轻重不同是指汽车行驶时，向左和向右转向操纵力不同的故障现象。造成左右转向轻重不同的原因主要有转向控制阀阀芯偏离中间位置、控制阀内有污物阻滞、液压系统中动力油缸的某一油腔渗入空气。

2）检修方法：进行检修时，应首先检查油液是否脏污，然后查看流量控制阀或分配阀弹簧是否失效，滑阀开启是否失灵。

如果油质良好或更换新油后故障没有消除，应对液压系统进行排气并检查系统有无油液泄露，若发现泄露应更换泄漏部位的零部件。

若故障仍不能排除，则可能是因为控制阀偏离中间位置导致。滑阀式转向控制阀可通过改变转向控制阀阀体的位置来实现；若滑阀位置调整后仍不见好转，应拆下滑阀，测量其尺寸，若尺寸偏差较大，则更换滑阀；对于转阀式转向控制阀，需通过分解检查来排除故障。

（3）直行时跑偏

1）故障现象及原因：直行时跑偏是指汽车直线行驶时，难以保持正前方行驶，总是向另一边跑偏的故障现象。造成直行时跑偏的原因主要有油液脏污、转向控制阀回位弹簧折断或变软；转向控制阀阀芯偏离中间位置；转向控制阀卡滞使油泵流量过大；油压管路布置不合理造成油压系统管路节流损失过大，使动力缸左右腔压力差过大。

2）检修方法：进行检修时，首先应检查油液是否脏污。对于使用较久的车辆，则可能是流量控制阀或转向控制阀回位弹簧失效所致。此时可在不起动发动机的情况下转动转向盘，凭借转动转向盘的手感判断控制阀是否运动自如。最后需检查转向油泵流量控制阀是否卡滞和油压管路布置是否合理。

二、电动助力转向系统

电动助力转向（EPS）装置是指利用直流电动机提供转向动力，辅助驾驶人进行转向操作的装置。这种装置省去了液压助力装置的液压助力器、转向储油罐、转向油泵、转向控制阀，既节省了能量，又保护了环境。它是利用电动机提供转向助力，利用减速器以纯机械方式将电动机产生的助力传递到转向系统上，辅助驾驶人进行转向操作，可根据车速信息和驾驶人操作信息控制转向系统提供的转向助力。

1. 电动助力转向系统的组成

电动助力转向系统由轮速传感器和电动转向机组成。电动转向机主要由转矩转角传感器、转向器、助力电动机、EPS控制器、减速机构等组成，如图1-3-5所示。

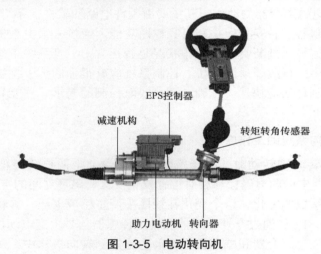

图1-3-5 电动转向机

（1）轮速传感器

轮速传感器是电动助力转向系统与ABS系统共用的重要传感器之一，安装在4个车轮轮毂内，用于检测车轮的转速，转向控制单元接收4个轮速信号，并换算成当前车速，根据车速情况，提供适合的转向助力。当车速较低时，提供较大的转向助力；当车速较高时，提供较小的转向助力。

（2）转矩转角传感器

转矩转角传感器集成在转向管柱内部，用来检测转向盘转矩以及转角，是EPS的控制信号之一，具有精确、可靠、低成本等优势。转矩转角传感器主要有接触式和非接触式两种。目前纯电动车里应用较多的是非接触式扭矩传感器。

（3）助力电动机

转向助力电动机根据ECU的指令输出适宜的辅助转矩，是EPS的动力源。它根据ECU的指令输出适宜的转矩。由于控制系统需要根据不同的工况产生不同的助力转矩，具有良好的动态特性并容易控制，这都要求助力电动机具有线性的机械特性和调速特性。此外，还要求助力电动机具有低转速大转矩、波动小、转动惯量小、尺寸小、质量轻、可靠性高、抗干扰能力强的特点。纯电动汽车转向系统中的助力电动机由电动机、电磁离合器、减速机构三部分组成。

助力电动机中的电动机一般采用无刷永磁电机，其电流由微处理器控制，可根据不同的车速得到相应的助力特性。该电机具有无励磁损耗、效率较高、体积较小等特点。

（4）减速机构

减速机构与助力电动机相连，将助力电动机的动力传给转向器，起降速增矩的作用。现在应用较多的是双行星齿轮减速机构和蜗轮蜗杆减速机构。蜗轮蜗杆减速机构一般应用在转向轴助力式电动助力转向系统上；双行星齿轮减速机构则被应用在齿条式电动助力转向系统上。由于减速机构对转向系统工作性能的影响较大，因此在降低噪声、提高效率和左右转向操作的对称性方面对其提出了较高的要求。

（5）EPS 控制器

EPS 控制器的功能是根据转矩传感器和车速传感器信号进行逻辑分析与计算后发出指令，控制电动机和电磁离合器的动作。其主要由硬件电路和软件程序组成。

此外，EPS 控制器还有安全保护和自我诊断功能。通过采集电动机的电流、发电机电压、发动机工况等信号，判断其系统工作状况是否正常。一旦系统工作异常，将自动取消助力作用，同时还将进行故障诊断分析。控制系统应有很强的抗干扰能力，以适应汽车多变的行驶环境；控制算法应快速、正确，满足实时控制的要求，并能有效地实现理想的助力规律与特性。

2. 电动助力转向系统的工作原理

当转向盘带动转向轴转动时，扭杆式转矩传感器上下两根转向轴发生相对的转角变化，造成转矩传感器中的两对磁极环相对位置发生变化，磁环之间的空气间隙也发生变化，从而引起电磁感应系数的变化，这个变化在线圈中产生感应电压，并将电压信号转换成转矩信号传送给 ECU，ECU 通过车速传感器和转矩传感器信号决定电动机的旋转方向和转角大小。电动机通过一套离合器和减速机构将助力施加到转向机构中，从而完成实时控制的助力转向，如图 1-3-6 所示。

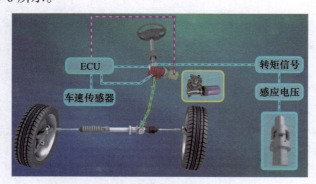

图 1-3-6　电动助力转向系统的工作原理

3. 电动助力转向装置的常见故障及检修方法

（1）转向盘沉重，助力效果不足

1）故障现象及原因：当汽车在原地转向、低速行驶中转向时，出现转向盘沉重、助力效果不足的情况，则有可能是转速传感器、控制单元或转矩传感器出现了故障。

2）检修方法：进行检修时，首先应检查助力转向装置各部件线束插接件是否连接紧固，熔断体是否损坏，继电器是否损坏。

若插接件、熔断体和继电器都无损坏，再使用万用表检查转速传感器和转矩传感器的电压、电阻值，若测量结果不正常需进行维修。查阅维修手册，使用故障诊断仪连接对应的针脚，检查控制单元是否存在故障，同时应观察组合仪表灯光是否不断闪烁。若控制单元损坏，需进行维修或更换。

（2）转向沉重、发飘

1）故障现象及原因：汽车在行驶过程中，低速行驶时转向出现转向沉重、高速行驶时出现转向发飘的现象。造成此故障现象的原因主要有插接件未插好，线束接触不良或破损，转矩传感器、转速传感器性能不良，控制单元故障等。

2）检修方法：进行检修时，首先应检查助力转向装置各部件线束插接件是否连接紧固，熔断体是否损坏，继电器是否损坏。

若插接件、熔断体和继电器都无损坏，再使用万用表检查转速传感器和转矩传感器的电压、电阻值，若测量结果不正常需进行维修。拔掉控制单元所有的插接器，先检查各插接器端口是否有脏污、是否潮湿。再查阅维修手册，使用故障诊断仪连接对应的针脚检查控制单元是否故障，同时应观察组合仪表灯光是否不断闪烁。若控制单元损坏，需进行维修或更换。

三、转向器

转向器俗称方向机、转向机，它是转向系统中最重要的部件。转向器是转向系统的降速增矩传动装置，其功用是增大由转向盘传到转向节的力，并改变力的传动方向。

根据传动副的结构形式不同，转向器可分为齿轮齿条式、循环球式和蜗杆曲柄指销式三类，如图1-3-7所示。

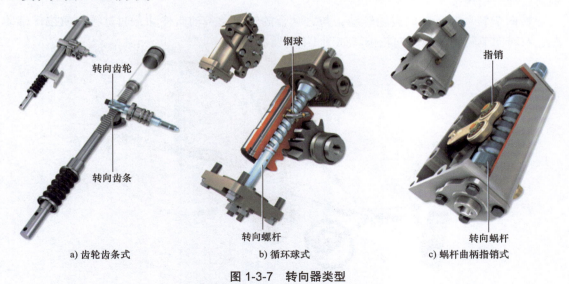

a）齿轮齿条式　　b）循环球式　　c）蜗杆曲柄指销式

图1-3-7　转向器类型

1. 齿轮齿条式转向器

齿轮齿条式转向器主要由齿条、齿轮、转向器壳体、齿条导向套、齿条调整螺母、防尘套等组成,如图1-3-8所示。转向齿轮与转向轴固定并用轴承安装在转向器壳内。齿条与齿轮垂直啮合,安装在齿条壳内,两端与横拉杆连接。

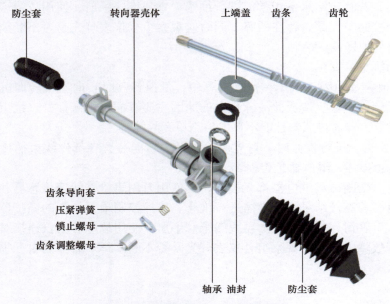

图1-3-8　齿轮齿条式转向器结构

齿轮齿条式转向器采用一级传动副,主动件是齿轮,从动件是齿条。转向齿轮与转向轴和转向盘连接,转向器齿条各齿间的节距不相等,中部位置节距大,向两端逐渐减小。齿轮和齿条的啮合深度也不同,中间位置啮合较浅,向两端逐渐加深。两个转向横拉杆分别通过球头销连接在转向齿轮两端。

转向盘转动时,转向齿轮转动,与之啮合的转向齿条轴向移动,通过转向横拉杆带动左、右转向节转动,使转向轮偏转如图1-3-9所示。

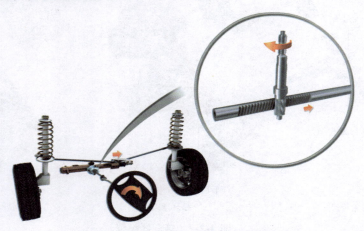

图1-3-9　齿轮齿条式转向器工作原理

这种布置形式占用的空间最少，具有结构简单、紧凑，质量轻，刚性大，转向灵敏，制作容易，成本低，正、逆效率都高以及便于布置等优点，而且特别适合与麦弗逊悬架配用。

2. 循环球式转向器

循环球式转向器又叫循环球齿条齿扇式转向器，主要由螺杆、螺母、转向器壳体以及许多小钢球等部件组成（见图1-3-10）。所谓的循环球指的就是这些小钢球，它们被放置于螺母与螺杆之间的密闭管路内，起到将螺母螺杆之间的滑动摩擦转变为阻力较小的滚动摩擦的作用。

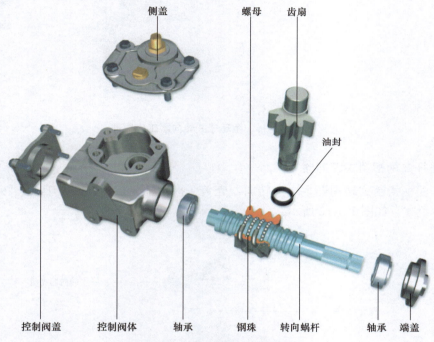

图1-3-10　循环球式转向器结构

循环球式转向器由两对啮合副组合而成。第一啮合副由螺杆和与之配合的四方形螺母组成。转动转向盘时，钢球在螺杆和螺母的啮合槽内通过导轨形成钢球流，使啮合副的摩擦形态变成滚动摩擦，使磨损减小，提高了传动效率，且使操作轻便。

另一对啮合副是由螺母上一面制成的齿条和安装在摇臂轴上的齿扇组成。装配后，齿扇的牙齿与螺母上的齿条相啮合。啮合间隙可通过侧盖上的调整螺钉进行调整，螺钉拧入，间隙减小。

转动转向盘，通过转向轴带动螺杆转动，与螺杆相啮合的螺母则沿螺杆轴线移动，螺母通过齿条带动齿扇绕摇臂轴转动，从而带动摇臂摆动，如图1-3-11所示。

循环球式转向器的正效率很高，可高达90%~95%，故操纵轻便，使用寿命长，工作平稳、可靠。但其逆效率也很高，容易将路面冲击力传到转向盘。不过对于前轴轴载质量不大而又经常在平坦路面上行驶的中、轻型载货汽车而言影响不大。

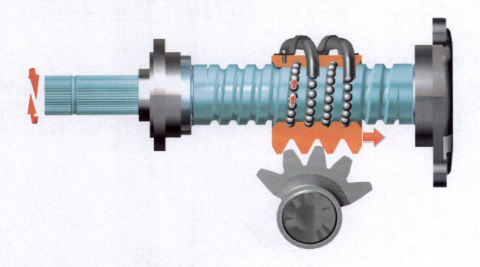

图 1-3-11　循环球式转向器工作原理

3. 蜗杆曲柄指销式转向器

蜗杆曲柄指销式转向器主要由转向器壳盖、摇臂轴、指销、推力轴承、转向蜗杆、转向器壳体组成，如图 1-3-12 所示。

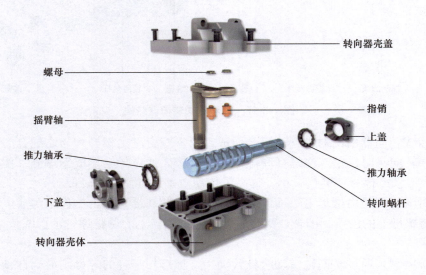

图 1-3-12　蜗杆曲柄指销式转向器结构

蜗杆曲柄指销式转向器的传动副是蜗杆和指销。转向蜗杆转动时，转向盘带动蜗杆旋转，嵌于蜗杆螺旋槽的指销便一边自转，一边绕转向摇臂轴轴心作圆弧运动。当摇臂轴转角相当大时，一个指销与蜗杆脱离啮合，另一指销仍保持啮合，如图 1-3-13 所示。

项目一　新能源汽车转向系统检测维修

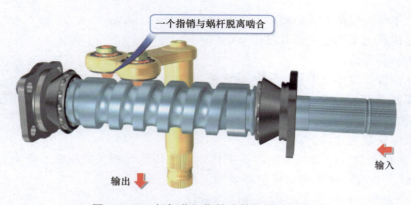

图 1-3-13　蜗杆曲柄指销式转向器工作原理

实 训 演 练

转向传感器检测

请扫描二维码，查看"转向传感器检测"技能视频，结合视频内容及相关资料，规范的完成转向系统的检修实训。

一、实训工具与装备

1）工具：
① 测量工具：万用表。
② 专用工具：诊断仪、内饰撬板。
③ 常用工具：世达 100 件工具套装。
2）设备：2018 款比亚迪 e5。
3）防护用品：车内外防护三件套、防护服、绝缘手套。

二、实训前准备

1）穿戴好个人防护用品。
2）铺设车内防护三件套。
3）检查确认车辆状态是否正常。
4）安装车外防护三件套。

三、转向传感器在线检测

1）取出诊断仪，组装诊断仪套件。
2）将诊断仪插头连接至车辆诊断接口。
3）打开车辆电源开关。

4）打开诊断仪电源开关，进入新能源汽车界面。

5）选择比亚迪车系，选择比亚迪 e5 车型。

6）进入诊断界面。

7）选择读取控制单元数据，进入底盘模块。

8）待车辆通信完成后，进入助力转向系统，读取助力转向系统是否存在故障码，确认转向系统是否正常。

9）进入模块数据读取界面。

10）转动转向盘，读取助力转向系统转矩转角传感器相关数据流，查看数据是否正常变化，判断转向系统转矩和转角传感器是否正常。

11）检查完毕，退出诊断界面，关闭诊断仪。

12）关闭车辆电源开关。

13）拔下诊断仪插头，取下诊断仪及相关连接附件。

四、转向传感器电路检测

1. 传感器检测相关附件拆卸

1）断开低压蓄电池负极，如图 1-3-14 所示。

2）使用内饰撬板拆卸组合仪表下护板固定卡扣，拉出下护板。

3）断开组合仪表线束插接器，取下下护板，并放置合适位置，如图 1-3-15 所示。

图 1-3-14　蓄电池负极电缆

图 1-3-15　组合仪表线束插接器

2. 转向传感器电源电路检测

1）断开转向系统海拉转矩传感器线束插接器，如图 1-3-16 所示。

2）安装低压蓄电池负极。

3）打开车辆电源开关。

4）取出万用表，并对万用表进行校表，检查万用表是否正常可用。

5）选用合适跨接线连接至海拉转矩传感器线束插接器的 1 号针脚，如图 1-3-17 所示。

6）红表笔接跨接线另一端鳄鱼

图 1-3-16　海拉转矩传感器线束插接器

夹，黑表笔接车身搭铁，检测传感器供电电压，如图 1-3-18 所示。

图 1-3-17　转矩传感器线束插接器针脚号

图 1-3-18　车身搭铁

传感器供电电压标准值约为 5V 左右。若测量值与标准值不符，说明海拉传感器电源电路存在问题，需及时更换或维修。

7）以同样的方法将跨接线连接到海拉转矩传感器线束插接器的 2 号针脚，检测其供电电压。

3. 转向传感器信号电路检测

1）选用合适跨接线连接至海拉转矩传感器线束插接器的 4 号针脚。

2）红表笔接跨接线另一端鳄鱼夹，黑表笔接车身搭铁，检测海拉传感器转矩信号 1 电路自检电压。

3）以同样的方法将跨接线连接到海拉转矩传感器线束插接器的 5 号针脚，检测海拉传感器转矩信号 2 电路自检电压。

海拉传感器转矩信号 1、2 电路自检电压标准值约为 5V 左右。若测量值与标准值不符，说明海拉传感器信号电路存在问题，需及时更换或维修。

4）选用合适跨接线连接至海拉转矩传感器线束插接器的 3 号针脚。

5）将红表笔接跨接线的另一端的鳄鱼夹，黑表笔接车身搭铁，检测海拉传感器转角信号 1 电路自检电压。

6）以同样的方法将跨接线连接到海拉转矩传感器线束插接器的 6 号针脚，检测海拉传感器转角信号 2 电路自检电压。

海拉传感器转角信号 1、2 电路自检电压标准值约为 5V 左右。若测量值与标准值不符，说明海拉传感器电源电路存在问题，需及时更换或维修。

7）关闭车辆电源开关。

4. 转向传感器搭铁电路检测

1）断开低压蓄电池负极。

2）将万用表旋至电阻档。

3）选用合适跨接线连接至海拉转矩传感器线束插接器的 8 号针脚。

4）将红表笔接跨接线的另一端的鳄鱼夹，黑表笔接车身搭铁，检测海拉传感器搭铁 1 电路电阻。

5）以同样的方法将跨接线连接到海拉转矩传感器线束插接器的 7 号针脚，检测海拉传感器搭铁 2 电路电阻。

海拉传感器搭铁 1、2 电路电阻标准值应小于 1Ω。若测量值与标准值不符，说明海拉传感器搭铁电路存在问题,需及时更换或维修转向传感器搭铁电路。

6)连接转向系统海拉转矩传感器线束插接器。

5. 转向传感器检测相关附件安装

1)连接组合仪表线束插接器。
2)安装组合仪表下护板,并将其卡扣安装到位。
3)安装蓄电池负极电缆。

五、转向传感器标定

1)确保转向盘和轮胎处于中间位置,且转向盘不受任何外力作用。
2)打开车辆电源开关。
3)打开诊断仪电源开关,进入新能源汽车界面。
4)选择比亚迪车系,选择比亚迪 e5 车型。
5)进入诊断界面。
6)选择读取控制单元数据,进入底盘模块。
7)待车辆通信完成后,进入助力转向系统。
8)选择特殊功能,先读取转矩传感器当前零点并确认,如图 1-3-19 所示。
9)将当前转向盘转角传感器采样值设定为零点,并确认操作成功,如图 1-3-20 所示。

图 1-3-19　读取转矩当前零点

图 1-3-20　设置转向盘转角传感器采样值

10)按任意键返回上一级。

⚠ **注意事项**:如果操作后诊断仪显示"操作错误或命令错误",需再次进行信号标定。如果多次标定仍未成功,需检测整车 CAN 网络是否正常或更换新的转向器总成。

11)退出比亚迪诊断界面。
12)关闭车辆电源开关。
12)拔下诊断仪插头,取下诊断仪及相关附件。

六、整理清洁

按照 7S 管理标准,整理工具和场地,设备复位。

电动转向机的分解与组装

请扫描二维码，查看"电动转向机的分解与组装"技能视频，结合视频内容及相关资料，规范地完成电动转向机的检修实训。

一、实训工具与装备

1）工具：
① 钳类工具：尖嘴钳。
② 专用工具：诊断仪、指针式扭力扳手、定扭式扭力扳手、球头拆除器。
③ 常用工具：世达 100 件工具套装。
④ 测量工具：万用表。
2）设备：2018 款比亚迪 e5、举升机。
3）防护用品：车内外防护三件套、防护服、绝缘手套。
4）耗材：记号笔。

二、实训前准备

1）穿戴好个人防护用品。
2）铺设车内防护三件套。
3）检查确认车辆状态是否正常。
4）安装车外防护三件套。

三、电动转向机的检测

1. 熔断体检测

1）打开车辆电源开关。
2）取出万用表，对万用表进行校表，检查万用表是否正常可用。
3）将万用表调至直流电压档。
4）将万用表红表笔连接转向电动机供电熔断体 F5/1 一端，黑表笔连接车身搭铁。待万用表数值稳定后记录万用表数值。
5）将万用表红表笔连接转向电动机供电熔断体 F5/1 的另一端，黑表笔连接车身搭铁。待万用表数值稳定后记录万用表数值，如图 1-3-21 所示。

标准值为 11~14V。若测量值与标准值不符，则说明熔断体供电或熔断体本体损坏，需对熔断体本体进行检测。

6）断开低压蓄电池负极。
7）将万用表调整至电阻测试档。

图 1-3-21 转向电动机供电熔断体测试端

8）将万用表红黑表笔分别连接熔断体两端，待万用表数值稳定后记录万用表数值。标准值应小于 0.5Ω。若测量值与标准值不符，则说明熔断体本体损坏，需更换新的熔断体。

9）以同样方法测量电动转向机 ECU 供电熔断体 F2/15。

2.ECU 供电线束检测

1）举升车辆至合适位置，并锁止举升机。

在断开电动转向机 ECU 线束插接器 B22 之前，需首先断开低压蓄电池负极，并将万用表调整至直流电压档。

2）断开电动转向机 ECU 线束插接器 B22，如图 1-3-22 所示。

3）将万用表红表笔连接电动转向机 ECU 线束插接器 B22 的 5 号针脚，黑表笔连接车身搭铁。待万用表数值稳定后记录万用表数值。

标准值为 11~14V。若测量值与标准值不符，则说明电动转向机 ECU 供电线束损坏，需维修或更换新的电动转向机 ECU 供电线束。

图 1-3-22　电动转向机 ECU 线束插接器 B22

4）以同样方法测量电动转向机 ECU 线束插接器 B22 的 4 号针脚。

3.ECU 通信线束检测

在测量 ECU 通信线束时，需将万用表调整至直流电压档。

1）将万用表红表笔连接电动转向机 ECU 线束插接器 B22 的 7 号针脚，黑表笔连接车身搭铁。待万用表数值稳定后记录万用表数值。

标准值为 2.5~3.5V。若测量值与标准值不符，则说明 CAN-H 线路存在故障，需进一步进行检修。

2）将万用表红表笔连接电动转向机 ECU 线束插接器 B22 的 8 号针脚，黑表笔连接车身搭铁。待万用表数值稳定后记录万用表数值。

标准值为 1.5~2.5V。若测量值与标准值不符，则说明 CAN-L 线路存在故障，需进一步进行检修。

3）安装电动转向机 ECU 线束插接器 B22。

4.转向电动机供电线束检测

注意事项：在断开转向电动机线束插接器 B23 之前，需首先断开低压蓄电池负极，并将万用表调整至直流电压档。

1）断开转向电动机线束插接器 B23，

图 1-3-23　转向电动机线束插接器 B23

如图 1-3-23 所示。

2）将万用表红表笔连接转向电动机线束插接器 B23 的 2 号针脚，黑表笔连接车身搭铁。待万用表数值稳定后记录万用表数值。

标准值为 11~14V。若测量值与标准值不符，则说明转向电机供电线束存在故障，需对供电线束进一步检修。

5. 转向电动机搭铁线束检测

在测量转向电动机搭铁线时，需将万用表调整至电阻测试档。

将万用表红表笔连接转向电动机线束插接器 B23 的 1 号针脚，黑表笔连接车身搭铁。待万用表数值稳定后记录万用表数值。

标准值应小于 0.5Ω，若测量值与标准值不符，则说明转向电动机搭铁线束存在故障，需对搭铁线束进一步检修。

四、电动转向机总成拆卸

1）降下车辆至地面。
2）用手松开万向节防尘罩 2 个螺母型塑料卡扣。
3）取下万向节防尘罩。
4）使用记号笔在中间轴下端与转向器输入轴配合处做好装配标记。
5）使用 13mm 套筒、接杆、指针式扭力扳手组合工具预松中间轴固定螺栓。
6）使用 13mm 套筒、接杆、棘轮扳手组合工具拆卸中间轴固定螺栓。
7）拔出中间轴上的万向节。
8）拆卸两侧前车轮，并放置于合适位置。
9）举升车辆至合适位置，并锁止举升机。
10）断开电动转向机 ECU 线束插接器 B22。
11）断开转向电动机线束插接器 B23。
12）使用尖嘴钳拆卸转向外拉杆球头固定螺母开口销。
13）使用 18mm 套筒、接杆、指针式扭力扳手组合工具预松转向外拉杆球头固定螺母。
14）使用 18mm 套筒、接杆、棘轮扳手组合工具拆卸转向外拉杆球头固定螺母。
15）使用球头拆除器分离转向外拉杆与转向节。
16）拆卸驱动桥及副车架总成。
17）使用 19mm 套筒、接杆、指针式扭力扳手组合工具配合 15mm 扳手预松转向机 4 个固定螺栓和螺母。
18）使用 19mm 套筒、接杆、棘轮扳手组合工具配合 15mm 扳手拆卸转向机 4 个固定螺栓和螺母。
19）取下转向机总成，并妥善放置。

五、电动转向机分解

1）取下转向万向节橡胶套，如图 1-3-24 所示。

2）拆卸电动转向机左右两侧拉杆，如图1-3-25所示。

图1-3-24　万向节橡胶套

图1-3-25　左右两侧拉杆

3）使用6mm内六角套筒、接杆、棘轮扳手组合工具拆卸减速齿轮壳体7个固定螺栓。

注意事项：拆卸下来的固定螺栓有长短，需注意安装时不要安装错误。

4）取下减速齿轮壳体，如图1-3-26所示。
5）顺时针旋转转向大齿轮，旋出齿形带。
6）取下齿形带，如图1-3-27所示。
7）断开转矩转角传感器线束插接器，如图1-3-28所示。

图1-3-26　减速齿轮壳体

图1-3-27　齿形带

图1-3-28　转矩转角传感器线束插接器

8）轻轻晃动取出转向电动机。

注意事项：比亚迪e5转向电动机采用的是循环球式转向器，转向大齿轮不可拆卸，否则会造成大齿轮内钢珠脱落。

六、电动转向机检查与组装

1）目视检查转向电动机外观、插接器是否有损坏，若有应更换新的转向电动机总成。
2）转动转向电动机轴，检查转动过程中是否有卡滞和异响，若有应更换新的转向电动机总成。
3）将转向电动机安装至电动转向机总成上。

4）安装转矩转角传感器线束插接器。

5）目视检查齿形带是否有老化和损坏，若有应更换新的齿形带。

6）将齿形带套在转向大齿轮上，逆时针旋转转向大齿轮，使齿形带装入转向小齿轮上。

🔔 **注意事项**：旋转大齿轮的过程中，需注意转向蜗杆的轴承要完全装入转向机总成的壳体内。

7）安装减速齿轮壳体至电动转向机总成上。

8）使用 6mm 内六角套筒、接杆、棘轮扳手组合工具安装减速齿轮壳体 7 个固定螺栓。

9）安装电动转向机左右两侧拉杆。

10）安装转向万向节橡胶套。

七、电动转向机总成安装

1）将电动转向机总成放置于副车架上，并用手旋入 4 个固定螺栓和螺母。

2）使用 19mm 套筒、接杆、棘轮扳手组合工具配合 15mm 扳手拧紧电动转向机 4 个固定螺栓和螺母。

3）使用 19mm 套筒、接杆、定扭式扭力扳手组合工具配合 15mm 扳手紧固电动转向机 4 个固定螺栓和螺母至 70N·m。

4）安装驱动桥及副车架总成。

5）将转向外拉杆球头装入转向节孔内，并用手旋入固定螺母。

6）使用 18mm 套筒、接杆、棘轮扳手组合工具拧紧转向外拉杆球头固定螺母。

7）使用 18mm 套筒、接杆、定扭式扭力扳手组合工具紧固转向外拉杆球头固定螺母至 49N·m。

🔔 **注意事项**：如果开口销孔未对齐，需将螺母再次旋转 60°。

8）安装新的转向外拉杆球头螺母开口销。

9）安装转向电动机线束插接器 B23。

10）安装电动转向机 ECU 线束插接器 B22。

11）降下车辆至地面。

12）安装两侧前车轮。

13）将中间轴上的万向节按照装配标记装入转向器输入轴上。

14）使用 13mm 套筒、接杆、棘轮扳手组合工具拧紧中间轴固定螺栓。

15）使用 13mm 套筒、接杆、定扭式扭力扳手组合工具紧固中间轴固定螺栓至 30N·m。

🔔 **注意事项**：固定螺栓应从万向节无螺纹的一侧拧紧，否则起不到拧紧效果，严重时甚至会导致事故发生。

16）安装万向节防尘罩。

17）安装万向节防尘罩 2 个螺母型塑料卡扣。

注意事项：电动转向机分解与组装后，需重新进行四轮定位，并对转向角度和转矩进行标定。

八、转向信号标定

1）确保转向盘和轮胎处于中间位置，并且转向盘不受任何外力作用。
2）将诊断仪插头连接至车辆诊断接口。
3）打开车辆电源开关。
4）打开诊断仪电源开关，进入新能源汽车界面。
5）选择比亚迪车系，选择比亚迪 e5 车型。
6）进入诊断界面。
7）选择读取控制单元数据，进入底盘模块。
8）待车辆通信完成后，进入助力转向系统。
9）进入特殊功能，选择转矩标定，读取转矩传感器当前零点并确定，再将当期转矩传感器采样值设定为零点，并确认操作成功。
10）以同样的方法标定转向盘转角。

注意事项：如果操作后诊断仪显示"操作错误或命令错误"，需再次进行信号标定。如果多次标定仍未成功，需检测整车 CAN 网络是否正常或更换新的转向器总成。

11）退出比亚迪诊断界面。
12）关闭车辆电源开关。
13）拔下诊断仪插头，取下诊断仪及相关附件。

九、整理清洁

按照 7S 管理标准，整理工具和场地，设备复位。

任务练习

一、选择题

1. 根据助力能源的不同，助力转向装置分为（　　）。
   A. 液压助力转向装置和电动助力转向装置
   B. 气压助力转向装置和电动助力转向装置
   C. 气压助力转向装置、液压助力转向装置和电动助力转向装置
   D. 气压助力转向装置和液压助力转向装置
2. 当发动机转速高时，液压助力转向装置的油泵发热，可使汽车燃油消耗增加（　　）。
   A. 4%~6%　　　　　　B. 4%~8%　　　　　　C. 2%~3%　　　　　　D. 10%~20%
3. 直线行驶时，转向液通过转向油泵、转向控制阀装置直接流回（　　）。

A. 转向阀　　　　　　B. 转向储油罐　　　C. 油泵　　　　　D. 动力油缸
4. 电动助力转向装置是利用（　　）电动机为驱动能源的转向助力装置。
A. 交或直流　　　　　B. 交和直流　　　　C. 交流　　　　　D. 直流
5. 液压助力转向装置主要由（　　）组成。
A. 液压助力器、转向油泵、转向控制阀及管路
B. 液压助力器、储油罐、转向油泵、转向控制阀及管路
C. 液压助力器、储油罐、转向控制阀及管路
D. 液压助力器、储油罐、转向油泵及管路

二、判断题

1. 液压助力转向系统在车速高时，助力大、手感更好。（　　）
2. 液压助力转向系统在车速低时，助力大、更省力，是助力转向上的一次大飞跃。（　　）
3. 循环球式转向器中的转向螺母可以轴向移动。（　　）
4. 常用的转向器有齿轮齿条式、循环球式和蜗杆曲柄指销式。（　　）
5. 在正常情况下，汽车转向所需的能量大部分由驾驶人提供，而小部分能量由发动机（或电动机）通过转向助力装置提供。（　　）

三、简答题

简述电动助力转向系统的特点。

项目二 新能源汽车行驶系统检测维修

汽车行驶系统是指支撑全车并保证车辆正常行驶的装置，它将传动系统传来的动力转换成车轮上的驱动力，使汽车能适应各种道路的行驶，其主要总成和零部件的技术状况直接影响车辆的行驶性能，同时，汽车行驶系统与转向系统协调配合，可实现汽车行驶方向的正确控制，保证了汽车的操纵稳定性。

汽车行驶系统的组成包括车架（承载式车身）、车桥、车轮和悬架系统。

悬架系统是汽车行驶系统的重要组成部分，其品质和性能的好坏直接影响到汽车乘坐的舒适性、行驶的安全性和操纵的稳定性。它是保证车轮或车桥与汽车承载系统（车架或承载式车身）之间具有弹性联系并能传递载荷、缓和冲击、衰减振动以及调节汽车行驶中的车身位置等有关装置的总称。

本项目主要包括前悬架检测维修、后悬架及其他附件检测维修、车架和车桥检测维修、车轮定位检测以及车轮和轮胎检测维修5个学习任务。

任务一　前悬架检测维修

一辆行驶里程约 120000km 的比亚迪 e5 纯电动轿车。用户反映：该车行驶在不平路面时，从汽车左前轮附近传来异响，且车身有明显颠簸。4S 店维修技师接车后经路试确认了用户所描述的故障现象，并初步判定故障可能是由左前悬架出现问题导致的。请你根据所学知识对车辆前悬架进行检测维修。

学习目标

1）能准确描述悬架的功用及组成。
2）能准确说出非独立悬架和独立悬架结构上的差别。
3）能准确列举悬架各组成部件的作用与原理。
4）能准确说出前悬架的特点及其分类。
5）能准确描述各类型悬架的结构、原理与优缺点。
6）能熟练掌握前悬架常见故障及检修方法。
7）能熟练掌握前悬架的拆解与检查要点，并规范地完成实训操作。

知识储备

一、悬架系统概述

1. 悬架系统的功用

汽车悬架系统是车架（或承载式车身）与车桥（或车轮）之间的一切传力连接装置的总称。它的功用是把路面作用于车轮上的垂直反力（支承力）、纵向反力（驱动力和制动力）和侧向反力以及这些反力所造成的力矩传递到车架（或承载式车身）上，并且缓冲由于不平路面传给车身的冲击力，减少由此引起的振动，以保证车辆行驶时具有良好的平顺性和操纵稳定性。

2. 悬架系统的组成

悬架系统尽管有各种不同的结构形式，但是一般都由弹性元件、减振器和导向机构三部分组成，如图 2-1-1 所示。

在多数的轿车和客车上，为防止车身在转向行驶等情况下发生过大的横向倾斜，在悬架上还设有辅助弹性元件——横向稳定器。

弹性元件的作用是承受并传递垂直载荷，缓和不平路面引起的冲击，使车架（或车身）与车桥（或车轮）之间保持弹性连接。但弹性系统在受到冲击后，将产生振动，减振器的作用即是迅速衰减振动，增加乘车舒适性。导向机构则用来传递除垂直力以外的各种力和力矩，并确定车轮相对于车架（或车身）的运动轨迹。

（1）弹性元件

汽车悬架采用的弹性元件主要有钢板弹簧、螺旋弹簧、扭杆弹簧、气体弹簧和橡胶弹簧。

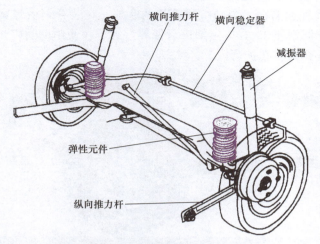

图 2-1-1　悬架系统的组成

1）钢板弹簧：钢板弹簧是汽车悬架中应用最广泛的一种弹性元件，它是由若干片等宽但不等长（厚度可以相等，也可以不相等）的合金弹簧片组合而成的一根近似等强度的弹性梁，其一般构造如图 2-1-2 所示。

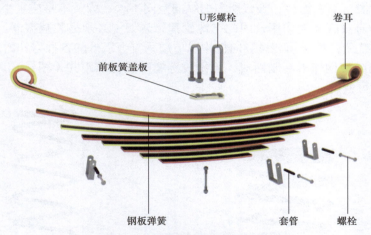

图 2-1-2　钢板弹簧结构分解图

钢板弹簧的第一片（最长的一片）称为主片，其两端弯成卷耳，内装青铜或塑料、橡胶、粉末冶金制成的衬套，以便用弹簧销与固定在车架上的支架或吊耳作铰链连接。钢板弹簧的中部一般用 U 形螺栓固定在车桥上。

其中，主片卷耳受力严重，是薄弱处，为改善主片卷耳的受力情况，常将第二片末端也弯成卷耳，包在主片卷耳的外面称为包耳。为了使得在弹簧变形时各片有相对滑动的可能，在主片卷耳与第二片包耳之间留有较大的空隙。有些悬架中的钢板弹簧两端不做成卷耳，而采用其他的支承连接方式，如橡胶支承垫。

钢板弹簧受力时会发生形变，受力减弱时形变会减小或回位，具有一定的弹性，当车辆载荷增加时，钢板弹簧弯曲变形，促进振动的衰减（图 2-1-3）。需要注意的是，钢板弹簧各片间的干摩擦将使车轮所受的冲击在很大的程度上传给车架，降低了悬架缓和冲击的能力，并使弹簧各片加速磨损，为减少弹簧片的磨损，在装合钢板弹簧时，各片间须涂上较稠的润滑剂（石墨润滑脂），并应定期进行保养。为了在使用期间内长期储存润滑脂和防止污染，有时将钢板弹簧装在护套内。

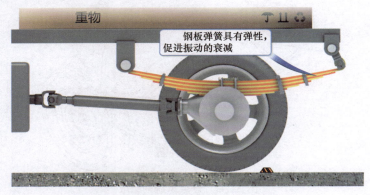

图 2-1-3　钢板弹簧基本原理

2）螺旋弹簧：螺旋弹簧广泛地应用于独立悬架，特别是前轮独立悬架中；在有些轿车的后轮非独立悬架中，其弹性元件也采用螺旋弹簧。螺旋弹簧与钢板弹簧比较，具有以下优点：无须润滑，不忌泥污；安置所需的纵向空间不大；弹簧本身质量小。

螺旋弹簧本身没有减振作用，因此在螺旋弹簧悬架中必须另装减振器。此外，螺旋弹簧只能承受垂直载荷，故必须装设导向机构以传递垂直力以外的各种力和力矩。

螺旋弹簧用弹簧钢棒料卷制而成，可做成等螺距或变螺距式（图 2-1-4）。前者刚度不变，后者刚度是可变的。

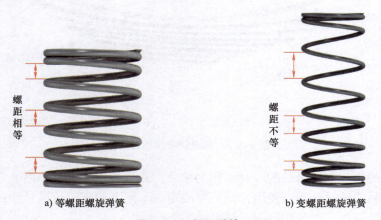

图 2-1-4　螺旋弹簧

3）扭杆弹簧：如图 2-1-5 所示，扭杆弹簧的结构是一根弹簧钢支撑的金属杆，这根金属杆具有一定的扭转弹性，它的断面通常为圆形，其两端形状可以做成花键、方形、六角形或带平面的圆柱形等，以便将一端固定在车架上，另一端固定在控制臂上。汽车上的扭杆弹簧主要有纵向安装和横向安装两种形式，其中，横向安装的使用频率较高。

多数汽车的扭杆弹簧采用横向安装的方式来平衡两边车轮受力，少数车型会用横向安装扭杆替代螺旋弹簧。纵向安装扭杆通常被用来替代螺旋弹簧或者片状弹簧，且纵向安装时可以方便地安装满足设计要求长度的扭杆，以保证悬架具有良好的性能。

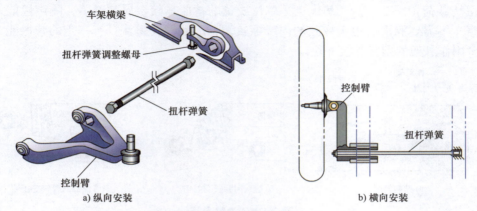

图 2-1-5　扭杆弹簧

在汽车悬架装置中，当车轮跳动时，控制臂便绕着扭杆轴线摆动，使扭杆弹簧通过受力而产生扭转弹性变形，再利用扭转变形起到一种缓冲作用。此时，车架和车轮之间就会呈现出一种弹性联系，而振动就会被这种扭转弹力吸收，形成能量存储，进而起到弹性元件的作用，如图 2-1-6 所示。

图 2-1-6　扭杆弹簧工作原理

扭杆弹簧的优势在于，其单位质量的储能量是钢板弹簧的 3 倍，比螺旋弹簧还高，因此，采用扭杆弹簧的悬架具有质量小、结构简单且不需润滑等优点。

4）气体弹簧：气体弹簧是在一个密封的容器中充入压缩气体，利用气体的可压缩性实现其弹簧作用的。这种弹簧的刚度是可变的，因为作用在弹簧上的载荷增加时，容器内的定量气体受压缩，气压升高，则弹簧的刚度增大；反之，当载荷减小时，弹簧内的气压下降，刚度减小，故具有比较理想的变刚度特性。

气体弹簧有空气弹簧和油气弹簧两种。空气弹簧又有囊式和膜式之分。油气弹簧包括单气室油气弹簧、双气室油气弹簧、两级压力式油气弹簧。

气体弹簧同螺旋弹簧一样，只能承受轴向载荷，故在气体弹簧悬架中必须设置导向机构。

5）橡胶弹簧：橡胶弹簧是利用橡胶本身的弹性来起弹性元件的作用。它可以承受压缩载荷与扭转载荷（图2-1-7），其优点是单位质量的蓄能量较金属弹簧多，隔声性能好，工作无噪声，不需要润滑。由于橡胶的内摩擦较大，因此橡胶弹簧具有一定的减振能力。橡胶弹簧多用作悬架的副簧和缓冲块。

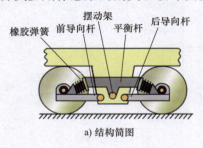 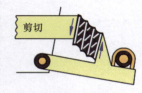 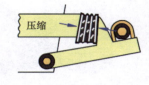

a) 结构简图　　　　　b) 轻载时弹簧受剪切　　　　　c) 满载时弹簧受压缩

图 2-1-7　橡胶弹簧

（2）减振器

在大多数汽车的悬架中均装有减振器，其目的为加速车架和车身振动的衰减，改善汽车的行驶平顺性。减振器与弹性元件是并联安装的。减振器的类型包括双向作用筒式减振器、充气式减振器、阻力可调式减振器、电流变减振器与磁流变减振器。

1）双向作用筒式减振器：如图2-1-8所示，双向作用筒式减振器一般都具有4个阀，即压缩阀、伸张阀、流通阀和补偿阀。流通阀和补偿阀是一般的止回阀，其弹簧很弱，当阀上的油压作用力与弹簧力同向时，阀处于关闭状态，完全不通液流；而当油压作用力与弹簧力反向时，只要有很小的油压，阀便能开启。压缩阀和伸张阀是卸载阀，其弹簧较强，预紧力较大，只有当油压增高到一定程度时，阀才能开启；而当油压减低到一定程度时，阀即自行关闭。

其工作原理是：节流孔孔壁与油液之间的摩擦以及液体分子内的摩擦形成对振动的阻尼力，使振动能量转化成热能扩散到大气中。节流孔越小，即相对运动速度越大，阻尼力越大；节流孔越大，即相对运动速度越小，阻尼力越小。

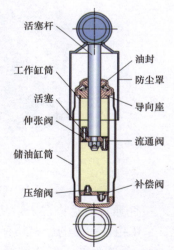

图 2-1-8　双向作用筒式减振器结构

2）充气式减振器：如图2-1-9所示，充气式减振器由一个缸筒2个活塞、1个密封圈，2个阀组成。工作缸内装有工作活塞和浮动活塞，工作活塞在上，浮动活塞在下，将工作缸分割为3部分。浮动活塞下部与缸筒间形成的密闭气室内充满高压氮气，浮动活塞边缘处的大断面O形密封圈，将浮动活塞上方的油液与下方氮气分开。工作活塞上设有能随活塞运动速度变化而改变通道过流面积的压缩阀和伸张阀，两阀均由一组厚度相同、直径不等、由大到小排列的弹簧钢片组成。

当车轮上下跳动时，减振器的工作活塞在油液中作往复运动，使工作活塞的上腔和下腔之间产生油压差，压力油便推开压缩阀或伸张阀而来回流动。由于节流孔的节流作用，产生较大的阻尼力，从而消耗了振动能量，使振动衰减。

与双向作用筒式减振器相比，充气式减振器简化了结构；有效地消除了车轮受到突然冲击时产生的高频振动及噪声；在同样泄流的不利工作条件下，能更可靠地产生足够阻尼力；消除了油的乳化现象。

3）阻力可调式减振器：如图 2-1-10 所示，阻力可调式减振器缸筒内装有活塞，活塞中部孔内又装有活塞杆。活塞杆上端顶靠在弹簧座及膜片上。在弹簧座和活塞杆之间装有弹簧。活塞杆的下端靠近活塞上表面处做有节流孔。

ECU 传递信号给电动机，通过控制阻尼调节杆相对活塞杆转动，调节节流孔的大小改变阻尼力。

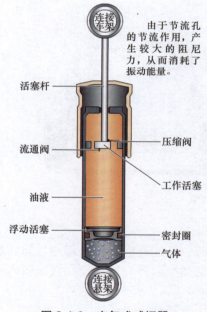

图 2-1-9　充气式减振器

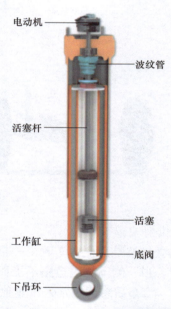

图 2-1-10　阻力可调式减振器结构

4）电流变减振器与磁流变减振器：电流变减振器与磁流变减振器属于新型减振器，电流变液体是指在电场作用下，其流变性质能迅速发生变化的一类流体。磁流变液体是一种磁性软粒悬浮液，当液体被注入减振器活塞内的电磁线圈后，线圈的磁场将改变其流变特性（或产生流体阻力），磁流变减振器是利用电磁反应，以来自监测车身和车轮运动传感器的输入信息为基础，对路况和驾驶环境做出实时响应。

（3）导向机构

车轮相对于车架和车身跳动时，车轮（特别是转向轮）的运动轨迹应符合一定的要求，否则对汽车某些行驶性能（特别是操纵稳定性）有不利的影响。因此，悬架中某些传力构件同时还承担着使车轮按一定轨迹相对于车架和车身跳动的任务，因而这些传力构件还起导向作用，故称导向机构。

常见的导向机构有控制臂和推力杆两种。控制臂可根据在车上布置形式不同分为纵臂、横臂和斜臂3种。推力杆用来传递车轮与车架之间的力,并影响车轮相对车架(身)的运动关系,可分为横向推力杆和纵向推力杆,分别用来传递横向力和纵向力。推力杆由杆和套管组成,套管内压有橡胶衬套,套管焊接在杆部的两端,杆部可以是实心轴或空心管,也可以用锻成H形断面的杆件或钢板冲压件,其一端固定在车桥上,另一端则铰接在车身(架)上。

3. 悬架的类型

按悬架的结构,汽车悬架可分为两大类:非独立悬架和独立悬架,如图2-1-11所示。

按控制形式不同,悬架可分为被动式悬架和主动式悬架两大类。被动式悬架指传统悬架,其主要由弹性元件、减振器和导向机构组成,前面已经介绍。主动式悬架指电子控制悬架,即电子控制悬架,它既能使汽车的乘坐舒适性达到令人满意的状态,又能使汽车的操纵稳定性达到最佳的状态。

图 2-1-11 悬架类型

(1)非独立悬架

非独立悬架是两侧的车轮由一根整体式车桥相连,车轮连同车桥一起通过弹性悬架与车架连接,当一侧车轮因道路不平而发生跳动时,必然引起另一侧车轮在汽车横向平面内发生摆动。汽车后悬架通常采用非独立悬架。

(2)独立悬架

独立悬架是车桥做成断开式,每一侧的车轮可以单独地通过弹性悬架与车架连接,两侧车轮可以单独跳动,互不影响。汽车前悬架通常采用独立悬架。

(3)电控悬架

1)电控悬架系统的功用:电控悬架系统(Electronic Control Suspension System,ECS),又称为电子调节悬架系统(Electronic Modulated Suspension System,EMS)。电控悬架系统能够通过控制和调节悬架的刚度和阻尼力,使汽车的悬架特性、道路状况与行驶状态相适应,提高汽车的乘坐舒适性和操纵稳定性。

其基本功能包括减振器阻尼控制、弹簧刚度控制和车身高度控制。减振器阻尼控制指对减振器阻尼系数进行调整,控制汽车车身姿态的变化,从而提高汽车行驶的平顺性和操纵稳定性。弹簧刚度控制指对悬架弹簧的弹性系数进行调整,实现悬架刚度的改变,从而改善汽车乘坐的舒适性和操纵稳定性。车身高度控制指车辆负载变化时进行车身高度的调整。

2）电控悬架系统的组成：电控悬架系统主要由传感器、开关、电子控制单元（ECU）和执行机构4部分组成，如图2-1-12所示。

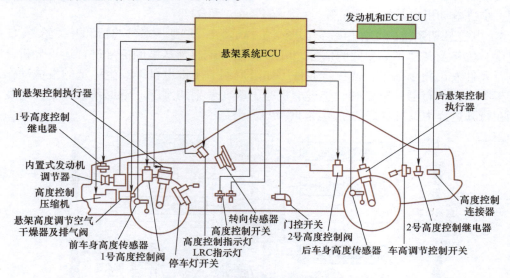

图2-1-12　电控悬架系统的组成

① 传感器：传感器在悬架控制系统中承担着将汽车行驶路况（汽车的振动）和车速及起动、加速、转向、制动等工况转变为电信号，并输送到ECU的作用，它包括车身高度传感器、车速传感器、加速度传感器、转向盘转角传感器和节气门位置传感器等。

a. 车身高度传感器：检测车身与车桥的相对位移，反映车身的平顺性和车身高度。

b. 车速传感器：检测车轮转速，反映车速和计算车身的侧倾量。

c. 加速度传感器：检测车身振动，也可以间接地反映行驶的路面状况和车身横向运动状况（高级轿车会有垂直加速度传感器）。

d. 转向盘转角传感器：检测转向盘转角，计算车身侧倾度。

e. 节气门位置传感器：检测节气门开度，反映汽车加速状况。

② 开关：开关包括模式选择开关、制动灯开关、高度控制开关和车门开关等。

a. 模式选择开关：根据汽车的行驶状况和路面情况选择悬架的运行模式，从而决定减振器的阻尼力大小。它可选择的运行模式包括自动、标准（Auto、Normal）、自动、运动（Auto、Sport）、手动、标准（Manu、Normal）、手动、运动（Manu、Sport）4种。

b. 制动灯开关：它安装在制动踏板上，是控制制动灯的开关。踩下制动踏板时开关接通，通知ECU已经制动，松开变矩器锁止离合器，同时点亮制动灯，可防止驱动轮制动抱死时，发动机突然熄火。

c. 高度控制开关：用于选择汽车高度，ECU通过检测高度控制开关的状态来调整汽车高度的上升和下降。

d. 车门开关：其作用为避免车辆在行驶过程中因未关闭车门，而对驾驶安全产生威胁。

③ 电子控制单元（ECU）：ECU是一台小型专用计算机，一般由输入电路、微处理

器、输出电路和电源电路等组成。其功能包括提供稳压电源、放大传感器信号、计算输入信号、驱动执行机构和故障检测等。

④ 执行机构：执行机构能够根据ECU的控制信号，准确、快速、及时地做出动作反应，实现对弹簧刚度、减振器阻尼或车身高度的调节。悬架控制系统的执行机构可以是电磁阀、步进电动机或泵气电动机等。

3）电控悬架系统的工作原理：如图2-1-13所示，车身状态传感器和开关给ECU提供加速度、位移及其他目标参数的信号，ECU根据各传感器送来的信号进行运算分析，向悬架执行元件发出指令信号，使执行元件（如阻尼调节步进电机）产生一定的机械动作，调节悬架参数的执行器（电磁阀、步进电机等）改变悬架的刚度、阻尼系数和车身高度，使车辆在行驶过程中具有良好的平顺性和操纵稳定性。

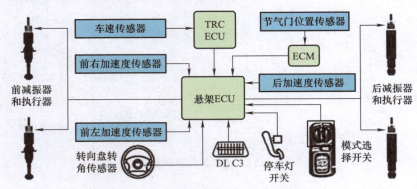

图2-1-13　电控悬架系统工作原理

二、独立（前）悬架的结构与检修

1. 独立（前）悬架的特点

独立悬架的优点是提高了汽车行驶的平顺性、操纵稳定性和乘坐舒适性。

独立悬架具有以下特点：

1）在悬架弹性元件的变形允许范围内，两侧车轮可以单独运动而互不影响，可以减少汽车在不平路面上行驶时车架和车身的振动。

2）减少了汽车的非簧载质量。在道路条件和车速相同时，非簧载质量愈小，则悬架所受冲击载荷也愈小。

3）采用断开式车桥，降低了汽车重心，提高汽车的行驶稳定性；并使车轮上下运动的空间增大，悬架刚度设计得较小，使车身振动频率降低，以改善汽车行驶的平顺性和乘坐舒适性。

4）独立悬架结构复杂，制造成本高，保养维修不便。

2. 独立（前）悬架的分类

独立（前）悬架按其结构不同可分为：横臂式独立悬架、纵臂式独立悬架、车轮沿主销移动的悬架、单斜臂式独立悬架、多连杆式独立悬架、双叉臂式独立悬架。

（1）横臂式独立悬架

横臂式独立悬架分为单横臂式和双横臂式两种。

1）单横臂式独立悬架：单横臂式独立悬架的每侧车轮通过一个横臂与车架铰接，且车轮只能在汽车横向平面内跳动。单横臂式独立悬架仅有一个横臂，其内端铰接在车架（身）或桥壳上，外端与车轮相连，车身与横臂之间装有弹性元件（螺旋弹簧），如图 2-1-14 所示。

其特点是，当悬架变形时，车轮平面将产生倾斜而改变车轮轮距，使轮胎磨损严重。此外，这种悬架用于转向轮时，会使主销内倾角和车轮外倾角发生较大的变化，对于转向操纵有一定影响，故目前在前悬架中很少采用。但是，由于结构简单、紧凑、布置方便等原因，在车速不太高的重型越野汽车上也有采用。

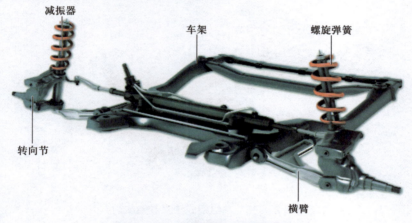

图 2-1-14　单横臂式独立悬架结构

2）双横臂式独立悬架：双横臂式独立悬架按上下横臂的长度不同，又分为等长双横臂式悬架和不等长双横臂式悬架两种（图 2-1-15）。双横臂等长的独立悬架在车轮上下跳动时，能保持主销倾角不变（即车轮平面没有倾斜），但轮距却发生了较大变化，造成轮胎磨损严重，现已很少用。双横臂不等长的独立悬架，可以根据实际情况适当选择双横臂长度，使车轮、主销的角度和轮距的变化都在可接受的限定范围内。对于质地较软的轮胎，其轮胎变形可适应不大的轮距变化，目前轿车的轮胎可容许每个车轮达到 4~5mm 的轮距变化，因此，双横臂不等长的独立悬架在轿车的前轮上应用较广泛。

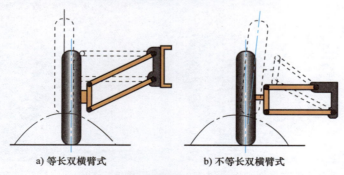

图 2-1-15　双横臂式独立悬架示意图

双横臂式独立悬架增加了车辆轮胎接触地面的面积，因此增强了汽车高速行驶时的稳定性，其减振器没有横向载荷，而且上端高度较低，降低了车头的高度，有利于改进车身造型。但是其结构复杂，成本高，占用的空间较大，在紧凑型车型上很少使用，大多数只搭载在中型或大型的豪华或高性能车辆上。

（2）纵臂式独立悬架

纵臂式独立悬架是指车轮在汽车纵向平面内摆动的悬架结构，又分为单纵臂式和双纵臂式两种形式。

1）单纵臂式独立悬架：如图2-1-16所示，单纵臂式独立悬架由一根纵臂、减振器和横向稳定杆等组成，其每侧车轮通过一根纵臂与车架相连接。

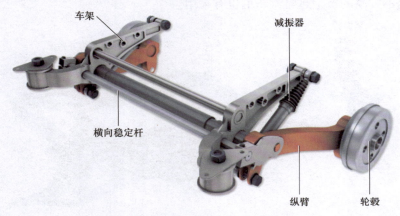

图2-1-16　单纵臂式独立悬架结构

单纵臂式独立悬架的车轮上、下跳动，纵臂以套管的轴线为中心摆动，扭杆弹簧将产生扭转形变以缓和不平路面产生的冲击，使主销的后倾角产生很大变化，故一般不用于转向轮（图2-1-17）。

2）双纵臂式独立悬架：双纵臂式独立悬架的两个纵臂长度一般做成相等形式，形成平行四连杆机构（图2-1-18）。这样，在车轮上、下跳动时，主销的后倾角保持不变（图2-1-19），故这种形式的悬架适用于转向轮。但由于所占用空间较大，因此较少采用。

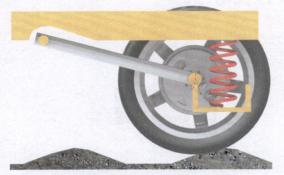

图2-1-17　单纵臂式独立悬架工作原理

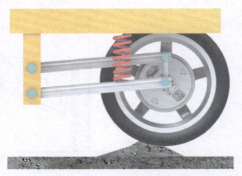

图2-1-18　双纵臂式独立悬架工作原理

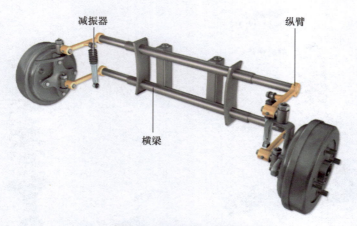

图 2-1-19 双纵臂式独立悬架结构

（3）车轮沿主销移动的悬架

车轮沿主销移动的悬架可分为两种形式，一种是车轮沿固定不动的主销轴线移动的烛式独立悬架，另一种是车轮沿摆动的主销轴线移动的麦弗逊式独立悬架。

1）烛式独立悬架：如图 2-1-20 所示，烛式独立悬架的主销与车架刚性连接，螺旋弹簧安装在主销上，汽车行驶过程中，车轮连同主销套筒沿着车架上的主销轴线上下移动。主销起导向作用，承受来自车轮的纵向横向的冲击载荷，因此烛式独立悬架不需安装导向机构。

烛式独立悬架的优点是：当悬架变形时，主销的定位角不会发生变化，仅是轮距、轴距稍有变化，因此有利于汽车的转向操纵稳定和行驶稳定。

烛式独立悬架的缺点是：汽车行驶过程中，套筒与主销要承受全部的侧向力，致使套筒与主销间的摩擦阻力加大，加速主销磨损，因此，这种结构形式目前很少采用。麦弗逊式独立悬架可以看作是烛式独立悬架的改进型，应用较广泛。

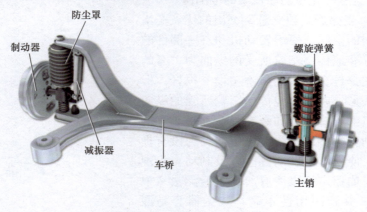

图 2-1-20 烛式独立悬架结构

2）麦弗逊式独立悬架

① 结构：麦弗逊式悬架是目前前置前驱轿车和某些轻型客车首选的悬架结构形式，麦弗逊式悬架也称滑柱连杆式悬架，它主要由螺旋弹簧、减振器、横摆臂、横向稳定杆（图

中未画出）等组成，如图 2-1-21 所示。

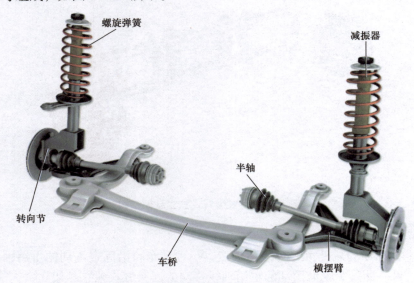

图 2-1-21　麦弗逊式独立悬架结构

减振器与套在其外面的螺旋弹簧合为一体，构成悬架的弹性支柱。支柱的上端与车身挠性连接，支柱的下端与转向节刚性连接。车轮所受的侧向力通过转向节大部分由横摆臂承受，其余部分由减振器活塞和活塞杆承受。

② 工作原理：减振器上端支座中心与横摆臂外端下球节中心的连线称为主销轴线。麦弗逊式悬架没有传统的主销实体，当车辆在行驶中受到冲击，车轮上下跳动时，减振器的下支点随横摆臂摆动，主销轴线发生变化，车轮沿着摆动的主销轴线运动，如图 2-1-22 所示。因此，当这种悬架变形时，车轮、主销的倾角和轮距都会有些变化，但合理的杆系布置和调整可以将这些变化控制在很小的范围内。

③ 优缺点：麦弗逊式独立悬架突出的优点是增大了两前轮内侧的空间，便于发动机和一些部件的布置。为了更可靠地传递车轮所受的纵向力，有的悬架中增设了支撑杆，还有的虽不增设支撑杆，但将横摆臂制成叉形，以有效地传递车轮所受的纵向力和侧向力。但由于减振器和螺旋弹簧都是对车辆上下的晃动起到支撑和缓冲，对于侧向反力没有提供足够的支撑，使得车辆转向侧倾以及制动点头现象比较明显，增加稳定杆以后有所缓解但无法从根本上解决问题，并且耐用性不高，减振器容易漏油，需要定期更换，且其悬架结构复杂，制造成本高，保养维修不便。在一般情况下，车轮跳动时由于车轮外倾角与轮距变化较大，滑动立柱摩擦和磨损较大。

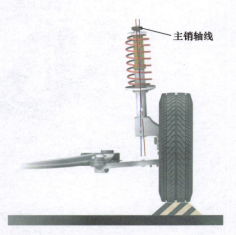

图 2-1-22　麦弗逊式独立悬架工作原理

（4）单斜臂式独立悬架

单斜臂式独立悬架是介于单横臂和单纵臂之间的一种悬架结构形式，单斜臂绕与汽车纵轴线成一定夹角 θ（$0° < \theta < 90°$）的轴线摆动。为了使轮距、车轮倾角、前束等的变化最小，可适当地选择夹角 θ，以获得良好的操纵稳定性。有的单斜臂独立悬架为了控制前束的变化，在单斜臂上安装了一根辅助拉杆，称为控制前束杆，如图 2-1-23 所示。其兼有单横臂和单纵臂式独立悬架的优点，多用于后轮驱动汽车的后悬架上。

（5）多连杆式独立悬架

如图 2-1-24 所示，多连杆独立悬架是由连杆、减振器和减振弹簧组成，其由多根杆件（一般四到五根）组合在一起控制车轮位置变化。

常见的多连杆式独立悬架有三连杆式、四连杆式、五连杆式等。由于三连杆结构已不能满足人们对于底盘操控性能的更高追求，因此只有结构更为精确、定位更加准确的四连杆式和五连杆式悬架才能称得上是真正的多连杆式，这两种悬架结构通常应用于前轮和后轮。

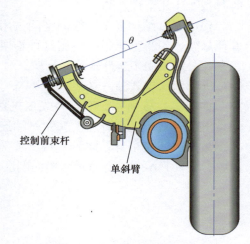

图 2-1-23 单斜臂式独立悬架结构

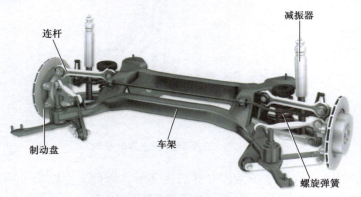

图 2-1-24 多连杆式独立悬架结构

以常见的五连杆式独立悬架为例，五根连杆分别指主控制臂、前置定位臂、后置定位臂、上臂和下臂，其中，控制臂可调整后轮前束，令车身始终处于相对平稳的状态，有效降低轮胎的摩擦。

五连杆式独立悬架的连杆可对车轮进行多个方面控制，比如，当车辆进行左转弯时，后车轮的位移方向正好与前转向轮相反，如果位移过大则会使车身失去稳定性，摇摆不定。此时，前、后置定位臂的作用就开始显现，他们主要对后轮的前束角进行约束，使其在可控范围内；相反，由于后轮的前束角被约束在可控范围内，如果后轮外倾角过大则会使车辆的横向稳定性减低，所以在多连杆悬架中增加了对车轮上下进行约束的控制臂，一方面是更好地使车轮定位，另一方面则使悬架的可靠性和韧性进一步提高。

多连杆式独立悬架可平衡地达到其他悬架所达不到的性能需求，由于连杆较多，能较好地消除外倾角的变化,使车轮和地面尽最大可能保持垂直,尽最大可能减小车身的倾斜。它能较好地抑制车轮跳动时车轮前束和轮距的变化;能提高悬架系统的刚性,使其不易受横向力影响而产生几何变化;能实现主销后倾角的最佳位置,并改善加速和制动时的平顺性和舒适性,同时也保证了直线行驶的稳定。除多连杆独立悬架以外,其他悬架是很难同时具备上述几个优点的。

但由于其结构复杂,横向空间占用大,同时材料成本、研发成本以及制造成本远高于其他悬架,中小型车很少使用这种悬架,高档轿车由于空间充裕且更加注重舒适性和操控稳定性,多采用多连杆式独立悬架。

（6）双叉臂式独立悬架

如图 2-1-25 所示,双叉臂式独立悬架又称双 A 臂式独立悬架,拥有上、下两个叉臂,通常上叉臂短于下叉臂,上叉臂一端连接着减振器,另一端连接车身,下叉臂一端连接车轮,另一端连接车身,同时,两个叉臂之间由一根连接杆连接。其横向力由两个叉臂同时吸收,支柱只承载车身重量,横向刚度大。

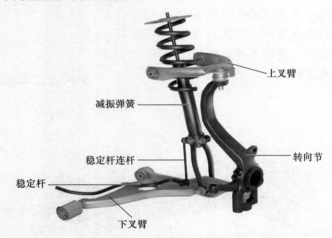

图 2-1-25　双叉臂式独立悬架结构

由于双叉臂式独立悬架的上下两根叉臂长度不等,因此,可以通过适当控制两叉臂的长度来减小轮距和外倾角的变化。上、下叉臂适当的长度差,可以有效减少轮胎磨损,但是如果上、下叉臂的长度差过小,车轮跳动时会造成左右轮距偏大,加快轮胎外侧磨损;反之,如果上、下叉臂长度差过大,则会造成车轮转向时外倾角过大,使轮胎内侧磨损加快。

双叉臂式独立悬架能够精确地控制定位参数,使车轮很好地紧贴地面,路感清晰;同时,较强的横向刚性使其抗侧倾性能优异。但是其结构复杂,占用空间大,制造成本高,定位参数设定复杂。需要说明的是,双横臂式悬架和双叉臂式悬架有着许多的共性,只是结构比双叉臂式简单些可以称之为简化版的双叉臂式悬架。

由于双叉臂式悬架的可调参数多、侧倾小、轮胎接地面积大、抓地性能优异,绝大部分纯正血统跑车的前悬架均选用双叉臂式悬架,可以说双叉臂式悬架是为运动而生的悬架。法拉利、玛莎拉蒂等超级跑车以及 F1 方程式赛车均采用了双叉臂式前悬架。国内采用双叉臂式前悬架的轿车主要有一汽丰田皇冠和锐志,以及奥迪的豪华 SUV Q7、大众途锐等。

3. 前悬架常见故障及检修方法

（1）前减振器

常见故障：减振器破裂，活塞杆与缸筒磨损严重。

故障现象：车轮行驶过程中，减振器发出异响，出现漏油、减振不良现象。

检修方法：推、拉减振器活塞杆，目视检查前减振器油液有无渗漏，若有，则需更换前减振器。按压车辆四周，查看车辆能否正常弹起，若不能弹起，则说明悬架系统减振性能不良，需更换悬架减振器。

（2）前减振器支柱

常见故障：焊接件出现裂纹或严重变形。

故障现象：前轮跑偏。

检修方法：目视检查前减振器支柱焊接件有无裂纹或变形，若有，则需更换新的减振器支柱。

（3）前螺旋弹簧

常见故障：失效或折断。

故障现象：前悬架产生异响。

检修方法：目视检查前螺旋弹簧有无折断，若有，则需同时更换两侧前螺旋弹簧；若无折断，但其自由长度较新的弹簧缩短3%以上，则也需同时更换两侧前螺旋弹簧。

（4）前轮辋

常见故障：轮辋有严重磨损或较大裂纹，弹簧挡圈变形、失效，轴承损坏。

故障现象：前轮出现跑偏或摆动现象。

检修方法：目视检查轮辋有无严重磨损或较大裂纹，弹簧挡圈有无变形、失效，轴承损坏等情况，如有则需更换损坏部件，需注意轴承损坏只能整体更换轮辋。

（5）副车架横向稳定杆与下摆臂

1）橡胶轴承与焊接部位

常见故障：橡胶轴承磨损严重，焊接部位脱焊或产生裂纹。

故障现象：前轮跑偏。

检修方法：目视检查橡胶轴承有无磨损、焊接部位有无脱焊或裂纹，若有，则需更换损坏部件。

2）下摆臂

常见故障：下摆臂断裂或变形，下摆臂支座孔严重磨损。

故障现象：前悬架异响。

检修方法：目视检查下摆臂有无断裂或变形，下摆臂支座孔有无磨损，若有，则需更换损坏部件。

3）衬套

常见故障：松动、橡胶开裂或凸起。

故障现象：前悬架产生异响。

检修方法：目视检查衬套有无松动、橡胶有无开裂或凸起，若有，则需更换衬套。

4）下摆臂球头

常见故障：下摆臂球头磨损。

故障现象：前轮摆动。

检修方法：用手抓住左前车轮，依次上下、左右摆动，检查悬架球头间隙是否正常，若晃动量较大，则说明悬架球头间隙过大导致松旷，需更换球头；转动左前轮胎检查轮毂轴承是否正常，有无松旷、卡滞等现象；以同样方法，检查右前悬架球头及轮毂轴承。

实训演练

前悬架的拆解与检查

请扫描二维码，查看"前悬架的拆解与检查"技能视频，结合视频内容及相关资料，规范地完成前悬架的拆解与检查实训。

一、实训工具与装备

1）工具：
① 常用工具：150件工具套装、榔头、十字螺钉旋具、卡扣起子。
② 专用工具：指针式扭力扳手、定扭式扭力扳手、錾子、球头拆除器、减振器拆装工具、台虎钳。
2）设备：比亚迪e5。
3）防护用品：手套、安全鞋。

二、实训前准备

1）穿戴好个人防护用品。
2）铺设车内防护三件套。
3）铺设车外防护三件套。
4）检查确认车辆状态正常。

三、前悬架拆解

1. 前转向节拆卸

（1）半轴固定螺母拆卸

1）拆卸左右前车轮。
2）使用錾子拆卸半轴固定螺母自锁装置，如图2-1-26所示。
3）两人配合操作，一人在车里踩住制动踏板，另一人使用32mm套筒、指针式扭力扳手组合工具预松半轴固定螺母，如图2-1-27所示，再使用32mm套筒、棘轮扳手组合工具拆卸半轴固定螺母，如图2-1-28所示。

图2-1-26　拆卸自锁装置

图 2-1-27 预松螺母

图 2-1-28 拆卸螺母

> **注意事项**：半轴固定螺母力矩较大，如果使用指针式扭力扳手仍然无法预松，可借助风动工具进行拆卸。

（2）制动盘拆卸

1）举升车辆至合适位置，并锁止举升机。

2）用手取下制动卡钳弹簧片，如图 2-1-29 所示。

3）使用 18mm 套筒、接杆、指针式扭力扳手组合工具预松制动卡钳支架 2 个固定螺栓，如图 2-1-30 所示。

4）使用 18mm 套筒、接杆、棘轮扳手组合工具拆卸制动卡钳支架 2 个固定螺栓，如图 2-1-31 所示。

图 2-1-29 取下弹簧片

图 2-1-30 预松螺栓

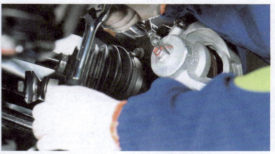
图 2-1-31 拆卸螺栓

5）取下制动卡钳总成，并妥善安置。

6）使用十字螺钉旋具拆卸制动盘 2 个固定螺栓，如图 2-1-32 所示。

7）取下制动盘，并妥善放置。使用 10mm 套筒、接杆、棘轮扳手组合工具拆卸轮速传感器固定螺栓，如图 2-1-33 所示。将轮速传感器从安装孔中取出，如图 2-1-34 所示。

图 2-1-32 拆卸螺栓

图 2-1-33　拆卸螺栓　　　　　　　　图 2-1-34　取出轮速传感器

8）使用 13mm 套筒、棘轮扳手组合工具拆卸制动油管支架固定螺栓，如图 2-1-35 所示，以同样方法拆卸制动油管支架另一个固定螺栓。

9）使用卡扣起子拆卸轮速传感器线束固定卡扣，如图 2-1-36 所示。

10）取下轮速传感器线束与制动油管，并妥善放置。

图 2-1-35　拆卸螺栓　　　　　　　　图 2-1-36　拆卸卡扣

（3）前转向节拆卸

1）使用尖嘴钳拆卸转向横拉杆球头开槽螺母开口销，如图 2-1-37 所示。

2）使用 18mm 套筒、接杆、指针式扭力扳手组合工具预松转向拉杆球头开槽螺母，如图 2-1-38 所示，使用 18mm 套筒、接杆、棘轮扳手组合工具拆卸转向拉杆球头开槽螺母，如图 2-1-39 所示。

3）使用球头拆除器将转向拉杆球头与转向节分离，如图 2-1-40 所示。

图 2-1-37　拆卸开口销　　　　　　　图 2-1-38　预松螺母

项目二 新能源汽车行驶系统检测维修 | 69

图 2-1-39　拆卸螺母

图 2-1-40　分离球头

⚠ **注意事项**：拆卸转向拉杆球头时，不要碰伤防尘罩，以免转向拉杆球头出现漏油。

4）使用 17mm 套筒、接杆、指针式扭力扳手组合工具预松下摆臂与前下摆臂球头销的连接螺栓和螺母，如图 2-1-41 所示。使用 17mm 套筒、接杆、棘轮扳手组合工具拆卸下摆臂与前下摆臂球头销的连接螺栓和螺母，如图 2-1-42 所示。

图 2-1-41　预松螺栓和螺母

图 2-1-42　拆卸螺栓和螺母

5）使用 22mm 套筒、接杆、指针式扭力扳手组合工具配合 22mm 扳手预松减振器与转向节连接螺栓和螺母，使用 22mm 套筒、接杆、棘轮扳手组合工具配合 22mm 扳手拆卸减振器与转向节连接螺栓和螺母。

6）将半轴从转向节中抽出，将转向节和前下摆臂球头销总成取出，如图 2-1-43 所示。

7）将转向节固定至台虎钳上，如图 2-1-44 所示，使用尖嘴钳拆卸前下摆臂球头螺母开口销，如图 2-1-45 所示。

图 2-1-43　取出总成

图 2-1-44　固定转向节

8）使用 21mm 套筒、指针式扭力扳手组合工具预松前下摆臂球头固定螺母，如图 2-1-46

所示，使用21mm套筒、棘轮扳手组合工具拆卸前下摆臂球头固定螺母，如图2-1-47所示。

9）使用球头拆除器将前下摆臂球头与转向节分离，如图2-1-48所示。

图2-1-45　取下开口销

图2-1-46　预松螺母

图2-1-47　拆卸螺母

图2-1-48　分离球头

2. 前减振器总成拆解

（1）前减振器总成拆卸

1）拆卸刮水器和刮水器盖板，如图2-1-49所示。

2）使用13mm开口扳手拆卸前减振器3个固定螺母，如图2-1-50所示。

图2-1-49　拆卸刮水器

图2-1-50　拆卸螺母

3）取下前减振器总成，并妥善安置，如图2-1-51所示。

（2）前减振器总成分解

1）将减振器固定至减振器拆装工具上，并将减振器拆装工具夹紧支架放置在减振器弹簧上，如图2-1-52所示。

图 2-1-51　取下前减振器总成

2）用手旋转减振器拆装工具压紧手柄，将减振器弹簧向下压缩，如图 2-1-53 所示。

图 2-1-52　固定减振器

图 2-1-53　压缩减振器弹簧

注意事项：在拆卸减振弹簧时，一定要固定牢靠，以免弹簧弹出对人员造成伤害。

3）使用一字螺钉旋具拆掉防尘盖。

4）使用 21mm 套筒、接杆、指针式扭力扳手组合工具预松活塞杆固定螺母，使用 21mm 套筒、接杆、棘轮扳手组合工具拆卸活塞杆固定螺母。

5）拆卸前减振器弹簧上座组合和上座衬套，如图 2-1-54 和图 2-1-55 所示。

图 2-1-54　拆卸上座组合

图 2-1-55　拆卸上座衬套

6）拆卸前减振器防尘罩，如图 2-1-56 所示，拆卸前减振器缓冲体，如图 2-1-57 所示。

7）用手旋转减振器拆装工具压紧手柄，松开减振器弹簧后取下。

8）拆卸前减振器弹簧下缓冲垫，如图 2-1-58 所示。

图 2-1-56 拆卸防尘罩

图 2-1-57 拆卸缓冲体

9）将减振器从减振器拆装工具上取下。

3. 前下摆臂拆卸

1）使用撬棒拆卸半轴总成，如图 2-1-59 所示。

图 2-1-58 拆卸缓冲垫

图 2-1-59 拆卸半轴

注意事项：

① 拆卸过程中应防止驱动轴总成跌落，造成人员伤害。

② 拆卸过程中不得损坏防尘罩和油封。

2）使用 17mm 套筒、接杆、指针式扭力扳手组合工具预松横向稳定杆拉杆 2 个固定螺母，如图 2-1-60 所示。

3）使用 17mm 套筒、棘轮扳手组合工具拆卸横向稳定杆拉杆 2 个固定螺母，如图 2-1-61 所示。

图 2-1-60 预松螺母

图 2-1-61 拆卸螺母

4）取下横向稳定杆拉杆，并妥善放置，如图 2-1-62 所示。

5）使用 22mm 套筒、接杆、指针式扭力扳手组合工具配合 22mm 扳手预松前下摆臂后部固定螺栓，使用 22mm 套筒、接杆、棘轮扳手组合工具配合 22mm 扳手拆卸前下摆臂后部固定螺栓。

6）使用 22mm 套筒、接杆、指针式扭力扳手组合工具预松前下摆臂前部固定螺栓，使用 22mm 套筒、接杆、棘轮扳手组合工具拆卸前下摆臂前部固定螺栓。

7）取下前下摆臂总成，并妥善安置，如图 2-1-63 所示。

图 2-1-62 取下横向稳定杆拉杆

图 2-1-63 取下前下摆臂总成

4. 横向稳定杆拆卸

1）拆卸驱动桥及副车架总成，如图 2-1-64 所示。

2）使用 17mm 套筒、接杆、指针式扭力扳手组合工具预松横向稳定杆压板 4 个固定螺栓。

3）使用 17mm 套筒、接杆、棘轮扳手组合工具拆卸横向稳定杆压板 4 个固定螺栓。

4）取下横向稳定杆，并妥善放置，如图 2-1-65 所示。

图 2-1-64 拆卸驱动桥及副车架总成

图 2-1-65 取下横向稳定杆

四、前悬架检查与安装

1. 横向稳定杆安装

1）将横向稳定杆放置于副车架上，并将横向稳定杆压板孔位与副车架孔位对齐。

2）使用 17mm 套筒、接杆、棘轮扳手组合工具安装横向稳定杆压板 4 个固定螺栓。

3）使用 17mm 套筒、接杆、定扭式扭力扳手组合工具紧固横向稳定杆压板 4 个固定螺栓至规定力矩。

4）安装驱动桥及副车架总成。

2. 前下摆臂检查与安装

1）检查前下摆臂衬套是否老化和损坏，若有，应及时更换；检查前下摆臂总成是否变形、锈蚀和脱焊等情况，若有，应更换前下摆臂总成，如图 2-1-66 所示。

2）将下摆臂总成与副车架孔位对齐，旋入前后固定螺栓，如图 2-1-67 所示。

图 2-1-66　检查下摆臂　　　　　　　　图 2-1-67　安装下摆臂并旋入螺栓

3）使用 22mm 套筒、接杆、棘轮扳手组合工具安装前下摆臂前部固定螺栓，使用 22mm 套筒、接杆、定扭式扭力扳手组合工具紧固下摆臂前部固定螺栓至规定力矩。

4）使用 22mm 套筒、接杆、棘轮扳手组合工具配合 22mm 扳手安装前下摆臂后部固定螺栓，使用 22mm 套筒、接杆、定扭式扭力扳手组合工具配合 22mm 扳手紧固下摆臂后部固定螺栓至规定力矩。

5）手指用力按压稳定杆拉杆球头防尘套，检查防尘套是否有漏油、龟裂和损伤，若有，应更换新的稳定杆拉杆，如图 2-1-68 所示。

6）用手转动稳定杆拉杆球头，检查转动过程中是否有卡滞和异响等情况，若有，应更换新的稳定杆拉杆，如图 2-1-69 所示。

图 2-1-68　按压　　　　　　　　　　　图 2-1-69　转动

7）将横向稳定杆拉杆对准孔位装入下摆臂和横向稳定杆中，并用手旋入固定螺母，如图 2-1-70 所示。

8）使用 17mm 套筒、接杆、棘轮扳手组合工具安装横向稳定杆拉杆固定螺母，使用 17mm 套筒、接杆、定扭式扭力扳手组合工具紧固横向稳定杆拉杆固定螺母至规定力矩。

9）检查半轴球笼防尘套是否有破损和老化，若有，应更换新的半轴球笼防尘套。

10）用手转动半轴球笼，检查转动过程中是否有卡滞和异响，若有，应更换新的半轴球笼，如图 2-1-71 所示。

图 2-1-70　安装横向稳定杆拉杆

图 2-1-71　转动

11）检查半轴花键轴和螺纹是否有损坏，若有，应更换新的半轴。

12）将半轴总成装入减速器上。

注意事项：
① 在安装过程中用力推入，并确认安装到位。
② 安装过程中应防止驱动轴总成跌落，造成人员伤害。
③ 安装过程中不得损坏防尘罩和油封。

3. 前减振器总成检查与装配

（1）前减振器总成检查

1）检查前减振器油封是否漏油，若有漏油痕迹，应更换新的前减振器油封。

2）检查前减振器活塞杆和减振筒是否变形、弯曲、锈蚀和凹陷等情况，若有，应更换新的前减振器。

3）检查前减振器弹簧支架是否变形，脱焊等情况，若有，应更换新的前减振器。

4）压缩和伸展前减振器活塞杆，检查是否有异常阻力或异响，若有，应进行更换新的前减振器，如图 2-1-72 所示。

5）检查前减振器弹簧下缓冲垫是否破损和老化，若有，应更换新的后减振器弹簧下缓冲垫。

6）检查前减振器防尘罩和压力轴承是否有破损和损坏，若有，应更换新的后减振器防尘罩和压力轴承。

图 2-1-72　压缩前减振器活塞杆

7）检查前减振器弹簧上座是否有损坏，若有，应更换新的后减振弹簧上座。

8）检查前减振器缓冲垫是否破损和老化，若有，应更换新的后减振器缓冲垫。

（2）前减振器总成组装

1）将减振器固定至减振器拆装工具上，如图 2-1-73 所示。

图 2-1-73　固定减振器

2）安装前减振弹簧下缓冲垫。
3）将减振器弹簧安装至减振器上，并使用减振器拆装工具压缩弹簧至合适位置。
4）安装前减振器缓冲体和防尘罩。
5）安装前减振器弹簧上座组合和上座衬套，如图2-1-74和图2-1-75所示。

图2-1-74　安装上座组合

图2-1-75　安装上座衬套

6）旋入活塞杆固定螺母。
7）使用21mm套筒、接杆、棘轮扳手组合工具拧紧活塞杆固定螺母，使用21mm套筒、接杆、定扭式扭力扳手组合工具紧固活塞杆固定螺母至规定力矩。
8）安装防尘盖，如图2-1-76所示。
9）用手旋转减振器拆装工具压紧手柄，将减振器弹簧松开。
10）从减振器拆装工具上取下减振器。
（3）前减振器总成安装
1）将前减振器装入车身孔位中，如图2-1-77所示，并旋入3个固定螺母，如图2-1-78所示。

图2-1-76　安装防尘盖

图2-1-77　将前减振器装入车身孔位

图2-1-78　旋入固定螺母

2）使用13mm套筒、接杆、棘轮扳手组合工具安装减振器3个固定螺母。
3）使用13mm套筒、接杆、定扭式扭力扳手组合工具紧固减振器3个固定螺栓至规定力矩。

4）安装刮水器盖板和刮水器。

4. 前转向节检查与安装

（1）前转向节检查

1）取出前下摆臂球头，检查前下摆臂球头防尘罩是否破损，球头是否有漏油痕迹，转动前下摆臂球头，检查转动是否灵活，若前下摆臂球头有漏油和转动卡滞等情况，应更换前下摆臂球头。

2）转动轮毂轴承，检查轮毂轴承转动是否有灵活，若有卡滞情况应更换轮毂轴承。

3）取出转向节，检查转向节是否有裂纹、锈蚀、变形等情况，若有应更换转向节。

（2）前转向节安装

1）将前下摆臂球头安装至转向节上，用手旋入开槽螺母，如图 2-1-79 所示。

2）使用 21mm 套筒、棘轮扳手组合工具安装前下摆臂球头开槽螺母，使用 21mm 套筒、定扭式扭力扳手组合工具紧固前下摆臂球头开槽螺母至规定力矩。

3）使用尖嘴钳安装新的开口销。

4）将转向节与前下摆臂球头总成一同装入半轴上，如图 2-1-80 所示，将转向节与前减振器孔位对齐，装入连接螺栓，如图 2-1-81 所示。

图 2-1-79　安装球头至转向节上

图 2-1-80　装入半轴

图 2-1-81　装入螺栓

5）使用 22mm 套筒、接杆、棘轮扳手组合工具配合 22mm 扳手安装前减振器与转向节连接螺栓和螺母，使用 22mm 套筒、接杆、定扭式扭力扳手组合工具配合 22mm 扳手紧固前减振器与转向节连接螺栓和螺母至规定力矩。

6）将下摆臂总成与下摆臂球头对齐安装孔，装入螺栓和螺母。

7）使用 18mm 套筒、接杆、棘轮扳手组合工具安装下摆臂总成和下摆臂球头的固定螺栓和螺母，使用 18mm 套筒、接杆、定扭式扭力扳手组合工具紧固下摆臂总成和下摆臂球头的固定螺栓和螺母至规定力矩。

8）将转向拉杆球头装入转向节上，旋入开槽螺母。

9）使用 18mm 套筒、接杆、棘轮扳手组合工具安装转向拉杆球头开槽螺母，使用 18mm 套筒、接杆、定扭式扭力扳手组合工具紧固转向拉杆球头开槽螺母至规定力矩。

10）使用尖嘴钳装入新的开口销。

（3）制动盘安装

1）将制动油管放置于合适位置，如图 2-1-82 所示，将轮速传感器线束固定至减振器上，如图 2-1-83 所示。

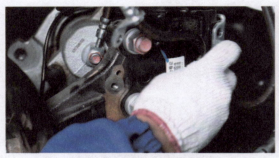

图 2-1-82　放置制动油管

图 2-1-83　固定线束

2）将制动油管支架孔位与转向节孔位对齐，并用手旋入固定螺栓。

3）使用 13mm 套筒、棘轮扳手组合工具安装制动油管支架固定螺栓，以同样方法安装制动油管支架另一颗固定螺栓。

4）将轮速传感器装入安装孔内，如图 2-1-84 所示。

5）使用 10mm 套筒、接杆、棘轮扳手组合工具安装轮速传感器固定螺栓。

6）将制动盘放置于轮毂轴承上，如图 2-1-85 所示，使用十字螺钉旋具安装制动盘 2 个固定螺栓。

7）将制动卡钳支架放置于制动盘上，并用手旋入固定螺栓，如图 2-1-86 所示。

图 2-1-84　安装轮速传感器

图 2-1-85　放置制动盘

图 2-1-86　放置制动卡钳

8）使用 18mm 套筒、棘轮扳手组合工具安装制动卡钳支架 2 个固定螺栓，使用 18mm 套筒、定扭式扭力扳手组合工具紧固制动卡钳支架 2 个固定螺栓至规定力矩。

9）用手安装制动卡钳弹簧片。

10）降下车辆至合适位置，并锁止举升机。

（4）半轴固定螺母安装

1）两人配合操作，一人在车里踩住制动踏板，一人安装半轴固定螺母。

2）使用32mm套筒、棘轮扳手组合工具安装半轴固定螺母，使用32mm套筒、定扭式扭力扳手组合工具紧固半轴固定螺母至规定力矩。

3）使用冲凿锁紧半轴固定螺母自锁装置。

4）安装左右前车轮。

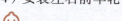 **注意事项**：前悬架拆卸后，需重新进行四轮定位并对转向角度和力矩进行标定。

五、整理清洁

按照7S管理标准，整理工具和场地。

任务练习

一、选择题

1. 汽车悬架一般都由弹性元件、（　　）和导向机构三部分组成。
　　A. 离合器　　　　B. 减速器　　　　C. 减振器　　　　D. 差速器

2. 汽车悬架是连接（　　）之间一切传动装置的总称。
　　A. 车轮与车桥　　B. 车轮与车架　　C. 车架与车桥　　D. 钢板弹簧与车架

3. 汽车悬架的弹力元件使（　　）之间保持弹性连接。
　　A. 车架与车轮　　B. 车架与车桥　　C. 车身与车轮　　D. 车身与车桥

4. 汽车悬架系统中的横向稳定器可防止车身（　　）等情况下发生过大的横向倾斜。
　　A. 上下垂直振动　B. 汽车转弯　　　C. 转向行驶　　　D. 直线行驶

5. 汽车悬架是（　　）与车桥之间传力连接装置的总称。
　　A. 车架　　　　　B. 车轮　　　　　C. 减振器　　　　D. 车厢

二、判断题

1. 汽车悬架系统不能够保证车辆行驶时具有良好的平顺性和操纵稳定性。　　（　　）

2. 弹性元件的作用是承受并传递垂直载荷，缓和不平路面引起的冲击，使车架（或车身）与车桥（或车轮）之间保持弹性连接。　　（　　）

3. 汽车悬架采用的弹性元件主要有钢板弹簧、螺旋弹簧、扭杆弹簧、气体弹簧和橡胶弹簧。　　（　　）

4. 钢板弹簧的中部一般用U形螺栓固定在车桥上。　　（　　）

5. 在多数的轿车和客车上，为防止车身在转向行驶等情况下发生过大的横向倾斜，在悬架中还设有辅助弹性元件-弹簧稳定器。　　（　　）

三、简答题

简述半轴固定螺母拆卸步骤。

任务二　后悬架及其他附件检测维修

一辆行驶里程约 11 万 km 的比亚迪 e5 纯电动轿车，用户反映：该车行驶在不平路面时，从汽车右后轮附近传来异响，且车身有明显颠簸。4S 店维修技师接车后经路试确认了用户所描述的故障现象，并初步判定故障可能是由右后悬架出现问题导致的。请你根据所学知识对车辆后悬架进行检测维修。

学习目标

1）能准确说出后悬架的特点及其分类。
2）能准确描述各类型悬架的结构与原理。
3）能熟练掌握后悬架常见故障及排除方法。
4）能熟练掌握后悬架的拆解与检查要点，并规范地完成实训操作。
5）能熟练掌握非独立后悬架检查的要点，并规范地完成实训操作。

知识储备

汽车的后悬架一般采用非独立悬架。非独立悬架的左右轮在弹跳时相互牵连，轮胎角度的变化量小，有效减少了轮胎的磨损，且其构造简单、制造成本低、占用空间小。但因为其左右轮相互牵连的特点，降低了乘坐的舒适性及操控的安全性。

一、后悬架的分类

非独立悬架按其所采用的弹性元件不同，可分为钢板弹簧非独立悬架、螺旋弹簧非独立悬架、空气弹簧非独立悬架和油气弹簧非独立悬架等，如图 2-2-1 所示。

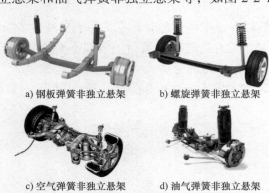

a) 钢板弹簧非独立悬架　　b) 螺旋弹簧非独立悬架
c) 空气弹簧非独立悬架　　d) 油气弹簧非独立悬架

图 2-2-1　非独立悬架分类

钢板弹簧作为弹性元件兼起导向机构的作用,因此,钢板弹簧非独立悬架结构简单,广泛用于货车的前、后悬架中。

螺旋弹簧和空气弹簧作为弹性元件均只能承受垂直载荷,因此,螺旋弹簧非独立悬架系统和空气弹簧非独立悬架系统均需增设导向机构和减振器。

油气弹簧非独立悬架的体积和质量比钢板弹簧小且具有变刚度特性,但对密封要求高,维修困难,常用于装载质量大的商用货车上。

二、钢板弹簧非独立悬架

1. 结构

钢板弹簧在车上通常是纵向布置的,前钢板弹簧中部用 2 个 U 形螺栓固定在前桥上。为加速振动的衰减,改善驾驶人的乘坐舒适性,在货车的前悬架中一般都装有减振器,而货车后悬架则不一定装减振器。且钢板弹簧兼起导向机构的作用,使得悬架系统大为简化,如图 2-2-2 所示。

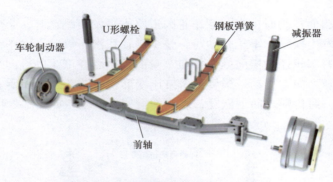

图 2-2-2　钢板弹簧非独立悬架结构

2. 工作原理

钢板弹簧非独立悬架的工作原理是,汽车处于荷载状态下,在不平路面上行驶遇到冲击时,车轮带动车桥上跳,钢板弹簧与减振器下端也同时上移。钢板弹簧上移过程中长度增长,可通过后部吊耳的伸展予以协调,不会发生干涉。减振器因上端固定而下端上移相当于处在压缩状态工作,阻尼增大,衰减了振动。当车轴上跳动量超过缓冲块与限位块之间的距离时,缓冲块与限位块接触并被压缩。

三、螺旋弹簧非独立悬架

1. 结构

螺旋弹簧非独立悬架一般只用于轿车的后悬架,由于螺旋弹簧作为弹性元件,只能承受垂直载荷,故其悬架需要增设导向机构,用来承受和传递车轴和车身之间的纵向和横向作用力及其力矩。非独立悬架主要由螺旋弹簧、筒式减振器、横向和纵向摆连接臂或稳定杆等组成,如图 2-2-3 所示。

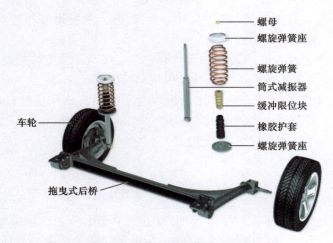

图 2-2-3 螺旋弹簧非独立悬架结构

2. 工作原理

汽车在不平路面行驶时,当一侧车轮因道路不平发生跳动时,必然引起另一侧车轮在汽车横向平面内发生摆动,车轮跳动时,整个后轴在汽车纵向平面内绕左右橡胶铰链中心连线摆动,且左右车轮还绕横向推力杆与车身的铰链点在汽车的横向平面内摆动。车轮向上抬起时,后桥随之向上移动,螺旋弹簧挤压变形,如图 2-2-4a 所示;相对的,车轮向下回到平坦地面时,后桥随之向下恢复,螺旋弹簧伸展恢复,如图 2-2-4b 所示,使汽车平稳行驶。

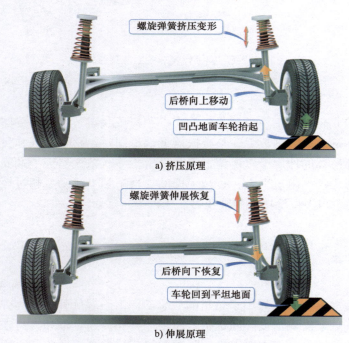

a) 挤压原理

b) 伸展原理

图 2-2-4 螺旋弹簧非独立悬架工作原理

四、空气弹簧非独立悬架

1. 结构

空气弹簧非独立悬架的结构如图 2-2-5 所示，囊式空气弹簧的上下端分别固定在车架和车桥（或与车桥相连的支架）上，从空气压缩机产生的压缩空气经油水分离器和压力调节器进入储气筒，压力调节器可使储气筒中的压缩空气保持一定的压力，储气罐通过管路与两个（或几个）空气弹簧相通，储气罐和空气弹簧中的空气压力由车身高度控制阀控制，空气弹簧和螺旋弹簧一样只能传递垂直力，其纵向力和横向力及其力矩也是由纵向推力杆和横向推力杆（图中未画出）来传递，这种悬架也装有减振器（图上未画出）。采用空气弹簧悬架时，容易实现车身高度的自动调节。在装有空气压缩机的汽车上，一般用随载荷的不同而改变空气弹簧内空气压力的方法来达到这个目的。

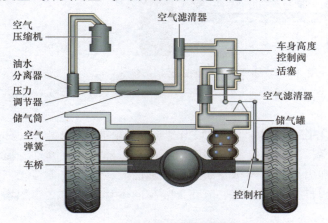

图 2-2-5　空气弹簧非独立悬架结构

2. 工作原理

空气弹簧非独立悬架的工作原理为，在正常状态下，活塞所处位置恰好关闭左右空气管道（图 2-2-5）；当汽车载荷增加时，车身高度降低（车架移近车桥），控制杆固定不动，支点下移，活塞向下移动，压缩空气通过左空气管道进入空气弹簧，使车架和车身升高，直至恢复车身与车桥的正常距离，即活塞回到原始位置；当汽车载荷减小时，车桥远离车架，控制杆固定不动，支点上移，活塞向上移动，空气弹簧内的气体通过右空气管道排入大气，车身和车架降低至原定数值，活塞回到原始位置。

空气悬架能使汽车行驶更加平顺、可以实现单轴或多轴的提升、容易改变车身高度，且对路面破坏小，但其结构复杂，对密封要求严格，在商用客车、货车、挂车及部分乘用车上得到应用。

五、油气弹簧非独立悬架

1. 结构

如图 2-2-6 所示，油气弹簧非独立悬架由油气弹簧、横向推力杆、缓冲块、纵向推力杆等组成，油气弹簧上端固定在车架上，下端固定在前轴上。因油气弹簧安装在车架与车轴之间，作为弹性元件，它能将来自路面作用在车轮上的冲击力在向车架传递时予以缓和，同时又能衰减随之而来的振动。

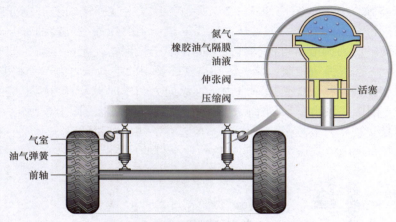

图 2-2-6　油气弹簧非独立悬架结构

2. 工作原理

油气弹簧非独立悬架的工作原理为，当遇到凹凸路面车轮被抬起时，活塞向上移动，油液内腔容积减少，压力升高，压缩阀打开，油液向下流动，隔膜向上移动，氮气容积减少，压力升高，直至与活塞推力平衡。当车轮回到平坦地面时，活塞向下移动，油液内腔容积增大，压力变小，伸张阀打开，油液向上流动，隔膜向下移动，氮气容积增大，压力减小，直至与活塞推力平衡。

六、后悬架常见故障及检修方法

1. 后减振器

常见故障：减振器破裂、无减振作用，橡胶件和弹簧等损伤、龟裂、老化等。

故障现象：在车辆行驶过程中发生异响。

检修方法：

检查后减振器是否漏油，若有漏油痕迹，应更换新的后减振器。

检查后减振器活塞杆和减振筒是否出现变形、弯曲、锈蚀和凹陷等情况，若有，应更换新的后减振器。

检查后减振器弹簧支架是否出现变形，脱焊等情况，若有，应更换新的后减振器。

压缩和伸展后减振器活塞杆，检查是否有异常阻力或异响，若有，应更换新的后减振器。

检查后减振器弹簧下缓冲垫是否破损、老化，若有，应更换新的后减振器弹簧下缓冲垫。

检查后减振器防尘罩和压力轴承是否破损，若有，应更换新的后减振器防尘罩和压力轴承。

检查后减振器弹簧上座是否损坏，若有，应更换新的后减振弹簧上座。

检查后减振器缓冲垫是否破损和老化，若有，应更换新的后减振器缓冲垫。

2. 后螺旋弹簧

常见故障：失效或折断。

故障现象：在车辆行驶过程中发生异响。

检修方法：目视检查后螺旋弹簧有无折断，如有则需同时更换两侧后螺旋弹簧；若无折断，但其自由长度较新的弹簧缩短 3% 以上，则也需同时更换两侧后螺旋弹簧。

3. 后轮毂轴承

常见故障：后转向节裂纹、锈蚀；衬套老化、破损；轮毂轴承老化；制动盘挡板变形、锈蚀。

故障现象：在车辆行驶过程中发生异响。

检修方法：目视检查后转向节是否有裂纹、锈蚀等痕迹，衬套是否有老化、破损痕迹，若有，应更换新的后转向节；检查轮毂轴承转动是否有卡滞和异响，若有，应更换新的轮毂轴承；目视检查制动盘挡板是否有变形和锈蚀痕迹，若有，应更换新的制动盘挡板。

4. 后悬架臂

常见故障：下牵引臂弯曲、锈蚀、损坏。

故障现象：在车辆行驶过程中发生异响。

检修方法：目视检查下牵引臂是否存在弯曲、锈蚀、损坏等痕迹，若有，应更换新的下牵引臂。

5. 横向稳定杆

常见故障：稳定杆变形、扭曲、锈蚀；横向稳定杆胶套损坏、老化。

故障现象：在车辆行驶过程中发生异响。

检修方法：目视检查稳定杆是否有变形、扭曲、锈蚀等痕迹，若有，应更换新的横向稳定杆；目视检查横向稳定杆胶套是否是损坏、老化等，若有，应更换新的横向稳定杆胶套。

实训演练

后悬架的拆解与检查

请扫描二维码，查看"后悬架的拆解与检查"技能视频，结合视频内容及相关资料，规范地完成后悬架的拆解与检查实训。

一、实训工具与装备

1）工具：
① 专用工具：定扭式扭力扳手、指针式扭力扳手、诊断仪。
② 常用工具：世达 100 件工具套装、M12 旋具套筒。

2）设备：比亚迪 e5、举升机、千斤顶。
3）防护用品：车内外防护三件套、防护服、安全鞋、绝缘手套。
4）耗材：铁丝。

二、实训前准备

1）穿戴好个人防护用品。
2）铺设车内防护三件套。
3）检查确认车辆状态是否正常。
4）安装车外防护三件套。

三、后悬架相关附件拆卸

1. 释放电子驻车制动

1）将诊断仪插头连接至车辆 OBD 插头，确保连接可靠。
2）打开车辆电源开关。
3）打开诊断仪电源开关，进入诊断仪诊断界面。
4）选择对应车型。
5）选择常用特殊功能。
6）选择电子驻车制动。
7）选择电子驻车系统。
8）选择元件动作测试 1。
9）点击装配位置按钮，等待电子驻车制动释放完毕。
10）电子驻车制动释放完毕后退出诊断界面。
11）关闭诊断仪电源开关。
12）关闭车辆电源开关。
13）拔下诊断插头。
14）断开电子驻车制动线束插接器，如图 2-2-7 所示。

2. 后悬架相关附件拆卸

1）举升车辆至合适高度。
2）两人配合操作，一人在车内踩下制动踏板，一人拆卸制动盘固定螺栓。
3）使用十字梅花套筒、接杆、棘轮扳手组合工具拆卸制动盘 2 个固定螺栓，如图 2-2-8 所示。
4）使用 15mm 套筒、接杆、指针式扭力扳手组合工具预松制动卡钳支架 2 个固定螺栓。
5）使用 15mm 套筒、接杆、棘轮扳手

图 2-2-7 电子驻车制动线束插接器

组合工具拆卸制动卡钳支架 2 个固定螺栓，如图 2-2-9 所示。

图 2-2-8　制动盘固定螺栓

图 2-2-9　制动卡钳固定螺栓

6）取下制动卡钳，并使用铁丝固定至合适位置。

7）拆卸左后制动盘，并妥善放置。

四、后悬架拆卸

1. 横向稳定杆拆卸

1）使用 5 号内六角套筒、棘轮扳手组合工具配合 15mm 扳手拆卸稳定杆拉杆球头与减振器连接固定螺母，如图 2-2-10 所示。

2）用手取下一端稳定杆拉杆球头螺母及拉杆。

3）使用 5 号内六角套筒、棘轮扳手组合工具配合 15mm 扳手拆卸稳定杆拉杆球头与横向稳定杆连接固定螺母，如图 2-2-11 所示。

图 2-2-10　稳定杆拉杆球头与减振器固定螺母

图 2-2-11　稳定杆拉杆球头与横向稳定杆固定螺母

4）用手取下另一端稳定杆拉杆球头螺母及拉杆。

5）以同样方法拆卸右侧稳定杆拉杆。

6）使用 13mm 套筒、接杆、指针式扭力扳手组合工具预松后横向稳定杆总成 4 个固定螺栓。

7）使用 13mm 套筒、接杆、棘轮扳手组合工具拆卸后横向稳定杆装配总成 4 个固定螺栓，如图 2-2-12 所示。

图 2-2-12　横向稳定杆固定螺栓

8）取下横向稳定杆，并妥善放置。

2. 后悬架臂拆卸

1）使用 19mm 套筒、接杆、指针式扭力扳手组合工具配合 19mm 扳手预松后控制臂与后转向节连接固定螺栓和螺母，如图 2-2-13 所示。

2）使用 19mm 套筒、接杆、棘轮扳手组合工具配合 19mm 扳手拆卸后控制臂与后转向节连接固定螺栓和螺母。

3）使用 19mm 套筒、接杆、指针式扭力扳手组合工具预松后控制臂与后副车架连接固定螺栓，如图 2-2-14 所示。

4）使用 19mm 套筒、接杆、棘轮扳手组合工具拆卸后控制臂与后副车架连接固定螺栓。

图 2-2-13　后控制臂与转向节固定螺栓

图 2-2-14　后控制臂与后副车架固定螺栓

5）取下后控制臂，并妥善放置，如图 2-2-15 所示。

6）使用 19mm 套筒、接杆、指针式扭力扳手组合工具配合 19mm 扳手预松前控制臂与后转向节连接固定螺栓和螺母，如图 2-2-16 所示。

7）使用 19mm 套筒、接杆、棘轮扳手组合工具配合 19mm 扳手拆卸前控制臂与后转向节连接固定螺栓和螺母。

8）使用 19mm 套筒、接杆、指针式扭力扳手组合工具预松前控制臂与后副车架连接固定

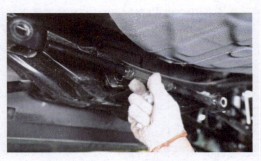

图 2-2-15　后控制臂

螺栓，如图 2-2-17 所示。

图 2-2-16　前控制臂与后转向节固定螺栓

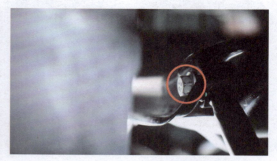

图 2-2-17　前控制臂与后副车架固定螺栓

9）使用 17mm 套筒、接杆、棘轮扳手组合工具拆卸前控制臂与后副车架连接固定螺栓。

10）取下前控制臂，并妥善放置。

11）使用 17mm 套筒、接杆、指针式扭力扳手组合工具配合 19mm 扳手预松牵引臂与后转向节连接固定螺栓和螺母，如图 2-2-18 所示。

12）使用 17mm 套筒、接杆、棘轮扳手组合工具配合 19mm 扳手拆卸牵引臂与后转向节连接固定螺栓和螺母。

13）使用 17mm 套筒、接杆、指针式扭力扳手组合工具预松牵引臂与车身连接的 4 个固定螺栓，如图 2-2-19 所示。

图 2-2-18　牵引臂与后转向节固定螺栓

图 2-2-19　牵引臂与车身间的固定螺栓

14）使用 17mm 套筒、接杆、棘轮扳手组合工具拆卸牵引臂与车身连接 4 个固定螺栓。

15）取下牵引臂，并妥善放置。

3. 后转向节拆卸

1）断开轮速传感器线束插接器，如图 2-2-20 所示。

2）使用 13mm 套筒、棘轮扳手组合工具拆卸制动管路支架固定螺栓，如图 2-2-21 所示。

3）取下制动管路支架。

4）使用 13mm 套筒、棘轮扳手组合工具拆卸一侧电子驻车制动线束支架固定螺栓，如图 2-2-22 所示。

图 2-2-20 轮速传感器线束插接器

图 2-2-21 制动管路支架固定螺栓

5）用手取下一侧电子驻车制动线束支架。

6）使用 10mm 套筒、棘轮扳手组合工具拆卸另一侧电子驻车制动线束支架固定螺栓，如图 2-2-23 所示。

图 2-2-22 电子驻车制动线束一侧固定螺栓

图 2-2-23 电子驻车制动线束另一侧固定螺栓

7）用手取下电子驻车制动线束支架。

8）使用 22mm 套筒、指针式扭力扳手组合工具配合 22mm 扳手预松后转向节与减振器固定螺栓和螺母，如图 2-2-24 所示。

图 2-2-24 后转向节与减振器固定螺栓和螺母

9）使用 22mm 套筒、棘轮扳手组合工具配合 22mm 扳手拆卸后转向节与减振器固定螺栓和螺母。

10）取下后转向节，并妥善放置。

4. 后轮毂轴承拆卸

1）使用 15mm 套筒、接杆、指针式扭力扳手组合工具预松轮毂轴承 4 个固定螺栓，如图 2-2-25 所示。

2）使用 15mm 套筒、接杆、棘轮扳手组合工具拆卸轮毂轴承 4 个固定螺栓。

3）取下轮毂轴承，并妥善放置，如图 2-2-26 所示。

图 2-2-25　轮毂轴承固定螺栓

图 2-2-26　轮毂轴承

4）用手将轮毂轴承固定螺栓从轮毂轴承孔位中取出。

5）取下制动盘挡板，如图 2-2-27 所示。

6）取下制动卡钳支架固定底座，如图 2-2-28 所示。

图 2-2-27　制动盘挡板

图 2-2-28　制动卡钳支架固定底座

5. 后减振器拆卸

1）降下车辆至合适位置。

2）打开车辆行李舱。

3）取下行李舱底板。

4）取下行李舱左侧挡板。

5）使用 14mm 套筒、指针式扭力扳手组合工具预松后减振器 3 个固定螺栓，如图 2-2-29 所示。

6）使用 14mm 套筒、棘轮扳手组合工具拆卸后减振器 3 个固定螺栓。

7）取下减振器，并妥善放置。

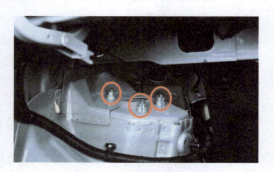

图 2-2-29　后减振器固定螺栓

6. 后减振器分解

1）将减振器固定至减振器拆装工具上。
2）将减振器拆装工具夹紧支架放置在减振器弹簧上。
3）用手旋转减振器拆装工具压紧手柄,将减振器弹簧向下压缩。

注意事项:在拆卸减振弹簧时,一定要固定牢靠,以免弹簧弹出对人员造成伤害。

4）使用一字螺钉旋具拆掉防尘盖,如图 2-2-30 所示。
5）使用 21mm 套筒、接杆、指针式扭力扳手组合工具预松活塞杆固定螺母,如图 2-2-31 所示。

图 2-2-30　防尘盖

图 2-2-31　活塞杆固定螺母

6）使用 21mm 套筒、接杆、棘轮扳手组合工具拆卸活塞杆固定螺母。
7）拆卸后减振器弹簧上座衬套。
8）拆卸后减振器弹簧上座组合。
9）拆卸后减振器防尘罩。
10）用手旋转减振器拆装工具压紧手柄。
11）松开减振器弹簧后取下。
12）拆卸后减振器弹簧下缓冲垫。
13）将减振器从减振器拆装工具上取下。

五、后悬架检查与安装

1. 后减振器检查与安装

（1）后减振器检查

1）检查后减振器是否漏油,若有漏油痕迹,应更换新的后减振器。
2）检查后减振器活塞杆和减振筒是否出现变形、弯曲、锈蚀和凹陷等情况,若有,应更换新的后减振器。
3）检查后减振器弹簧支架是否出现变形、脱焊等情况,若有,应更换新的后减振器。
4）压缩和伸展后减振器活塞杆,检查是否有异常阻力或异响,若有,应更换新的减振器。
5）检查后减振器弹簧下缓冲垫是否破损、老化,若有,应更换新的后减振器弹簧下缓冲垫,如图 2-2-32 所示。

6）检查后减振器防尘罩和压力轴承是否破损，若有，应更换新的后减振器防尘罩和压力轴承，如图2-2-33所示。

图2-2-32　下缓冲垫

图2-2-33　后减振器防尘罩

7）检查后减振器弹簧上座是否损坏，若有，应更换新的后减振弹簧上座，如图2-2-34所示。

8）检查后减振器缓冲垫是否破损和老化，若有，应更换新的后减振器缓冲垫，如图2-2-35所示。

图2-2-34　弹簧上座

图2-2-35　缓冲垫

（2）后减振器组装

1）将减振器固定至减振器拆装工具上，如图2-2-36所示。

2）安装后减振弹簧下缓冲垫，如图2-2-37所示。

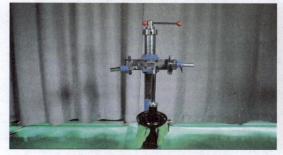

图2-2-36　固定减振器

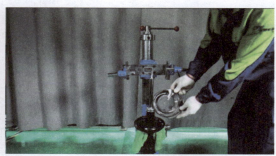

图2-2-37　安装下缓冲垫

3）将减振器弹簧安装至减振器上。

4)并使用减振器拆装工具压缩弹簧至合适位置,如图 2-2-38 所示。

图 2-2-38　压缩弹簧至合适位置

5)安装后减振器缓冲体,如图 2-2-39 所示。
6)安装后减振器防尘罩,如图 2-2-40 所示。

图 2-2-39　安装缓冲体　　　　　　　　图 2-2-40　安装防尘罩

7)安装后减振器弹簧上座组合,如图 2-2-41 所示。
8)安装后减振器弹簧上座衬套,如图 2-2-42 所示。

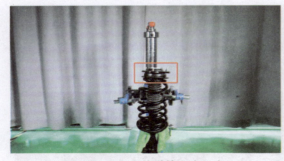 

图 2-2-41　安装弹簧上座组合　　　　　　图 2-2-42　安装弹簧上座衬套

9)旋入活塞杆固定螺母。
10)使用 21mm 套筒、接杆、棘轮扳手组合工具拧紧活塞杆固定螺母。
11)使用 21mm 套筒、接杆、定扭式扭力扳手组合工具紧固活塞杆固定螺母至 85N·m。
12)安装防尘盖。

13）用手旋转减振器拆装工具压紧手柄，将减振器弹簧松开。

14）从减振器拆装工具上取下减振器。

（3）后减振器安装

1）将减振器安装至车身上，并用手旋入固定螺母。

2）使用14mm套筒、棘轮扳手组合工具拧紧减振器与车身连接的3个固定螺母，如图2-2-43所示。

图2-2-43　安装减振器与车身连接固定螺母

3）使用14mm套筒、定扭式扳手组合工具紧固减振器与车身连接3个固定螺母至65N·m。

4）安装行李舱左侧挡板。

5）安装行李舱底板。

6）关闭车辆行李舱。

2. 后轮毂轴承检查与安装

1）目视检查后转向节是否有裂纹、锈蚀等痕迹，衬套是否有老化、破损痕迹，若有，应更换新的后转向节，如图2-2-44所示。

2）旋转轮毂轴承，检查轮毂轴承转动是否有卡滞和异响，若有，应更换新的轮毂轴承。如图2-2-45所示。

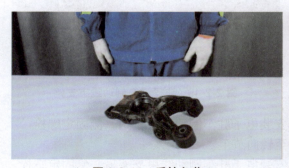

图2-2-44　后转向节　　　　　　图2-2-45　轮毂轴承

3）目视检查制动盘挡板是否有变形和锈蚀痕迹，若有，应更换新的制动盘挡板，如图2-2-46所示。

4）举升车辆至合适位置。

5）用手将轮毂轴承固定螺栓装入轮毂轴承孔位中。

6）安装制动卡钳支架固定底座至转向节上，如图2-2-47所示。

图2-2-46　制动盘挡板

图2-2-47　制动卡钳支架

7）安装制动盘挡板。

8）将轮毂轴承安装至转向节上。

9）使用15mm套筒、接杆、棘轮扳手组合工具安装轮毂轴承4个固定螺栓。

3. 后转向节安装

1）将后转向节安装至后减振器上。

2）使用22mm套筒、棘轮扳手组合工具配合22mm扳手拧紧后转向节与减振器固定螺栓和螺母。

3）使用22mm套筒、接杆、定扭式扳手组合工具配合22mm扳手紧固后转向节与减振器固定螺栓和螺母至120N·m，如图2-2-48所示。

4）将电子驻车制动线束支架一侧安装至转向节上，如图2-2-49所示。

图2-2-48　紧固后转向节与减振器固定螺栓

图2-2-49　电子驻车制动线束支架

5）使用10mm套筒、棘轮扳手组合工具安装电子驻车制动线束支架一侧固定螺栓。

6）将电子驻车制动线束支架另一侧安装至转向节上。

7）使用13mm套筒、棘轮扳手组合工具安装电子驻车制动线束支架另一侧固定螺栓。

8）将制动管路支架安装至转向节上。

9）使用13mm套筒、棘轮扳手组合工具安装制动管路支架固定螺栓。

10）安装轮速传感器线束插接器。

4. 后悬架臂检查与安装

1）检查下牵引臂是否存在弯曲、锈蚀、损坏等痕迹，若有，应更换新的下牵引臂，如图 2-2-50 所示。

2）将下牵引臂安装至车身。

3）使用 17mm 套筒、接杆、棘轮扳手组合工具安装牵引臂与车身连接的 4 个固定螺栓，如图 2-2-51 所示。

图 2-2-50 检查下牵引臂

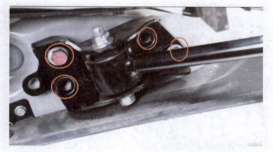

图 2-2-51 安装下牵引臂和车身的固定螺栓

4）使用 17mm 套筒、接杆、定扭式扳手组合工具紧固牵引臂与车身连接 4 个固定螺栓至 120N·m，如图 2-2-52 所示。

5）使用 17mm 套筒、接杆、棘轮扳手组合工具配合 19mm 扳手安装牵引臂与后转向节连接固定螺栓和螺母。

6）使用 17mm 套筒、接杆、定扭式扭力扳手组合工具配合 19mm 扳手紧固牵引臂与后转向节连接固定螺栓和螺母至 120N·m。

图 2-2-52 下牵引臂与车身固定螺栓

7）检查前控制臂是否存在弯曲、锈蚀、损坏等痕迹，若有，应更换新的前控制臂，如图 2-2-53 所示。

8）将前控制臂安装至后副车架上，并用手旋入固定螺栓。

9）使用 19mm 套筒、棘轮扳手组合工具安装前控制臂与副车架连接固定螺栓，如图 2-2-54 所示。

10）使用 19mm 套筒、定扭式扳手组合工具紧固前控制臂与副车架连接固定螺栓至 120N·m。

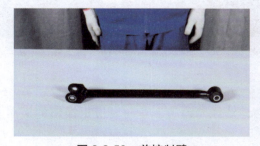

图 2-2-53 前控制臂

图 2-2-54 前控制臂与副车架固定螺栓

11）使用19mm套筒、接杆、棘轮扳手组合工具配合19mm扳手安装前控制臂与后转向节连接固定螺栓和螺母，如图2-2-55所示。

12）使用19mm套筒、接杆、定扭式扭力扳手组合工具配合19mm扳手紧固前控制臂与后转向节连接固定螺栓和螺母至120N·m。

13）检查后控制臂是否存在弯曲、锈蚀、损坏等痕迹，若有，应更换新的后控制臂，如图2-2-56所示。

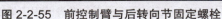
图2-2-55 前控制臂与后转向节固定螺栓

图2-2-56 后控制臂

14）将后控制臂安装至后副车架上，并用手旋入固定螺栓。

15）使用19mm套筒、棘轮扳手组合工具安装后控制臂与后副车架连接固定螺栓，如图2-2-57所示。

16）使用19mm套筒、定扭式扳手组合工具紧固后控制臂与后副车架连接固定螺栓至120N·m。

17）使用19mm套筒、接杆、棘轮扳手组合工具安装后控制臂与后转向节连接固定螺栓和螺母，如图2-2-58所示。

18）使用19mm套筒、接杆、定扭式扭力扳手组合工具紧固后控制臂与后转向节连接固定螺栓和螺母至120N·m。

图2-2-57 后控制臂与后副车架固定螺栓

图2-2-58 后控制臂与后转向节固定螺栓和螺母

5. 横向稳定杆检查与安装

1）目视检查横向稳定杆是否有变形，扭曲，锈蚀等痕迹，若有，应更换新的横向稳定杆，如图2-2-59所示。

2）目视检查横向稳定杆胶套是否是损坏、老化等，若有，应更换新的横向稳定杆胶套,如图 2-2-60 所示。

图 2-2-59　检查横向稳定杆

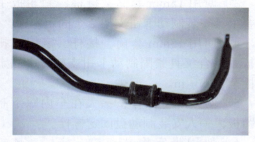

图 2-2-60　检查横向稳定杆胶套

3）将横向稳定杆放置于后副车架上,并用手旋入 4 个固定螺栓。

4）使用 13mm 套筒、接杆、棘轮扳手组合工具安装后横向稳定杆装配总成 4 个固定螺栓。

5）使用 13mm 套筒、接杆、定扭式扭力扳手组合工具紧固后横向稳定杆装配总成 4 个固定螺栓至 55N·m,如图 2-2-61 所示。

6）安装稳定杆拉杆球头,并旋入固定螺母,如图 2-2-62 所示。

图 2-2-61　横向稳定杆固定螺栓

图 2-2-62　稳定杆拉杆球头

7）使用 5 号内六角套筒、棘轮扳手组合工具配合 15mm 扳手拧紧稳定杆拉杆球头与横向稳定杆连接固定螺母。

8）使用 18mm 套筒、定扭式扭力扳手组合工具紧固稳定杆拉杆球头与横向稳定杆连接固定螺母至 55N·m。

9）使用 5 号内六角套筒、棘轮扳手组合工具配合 15mm 扳手拧紧稳定杆拉杆球头与后减振器连接固定螺母。

10）使用 18mm 套筒、定扭式扭力扳手组合工具紧固稳定杆拉杆球头与后减振器连接固定螺母至 55N·m。

11）以同样方法安装另一侧横向稳定杆拉杆。

六、后悬架相关附件安装

1. 后悬架相关附件安装

1）将制动盘放置于合适位置,如图 2-2-63 所示。

2）将制动卡钳放置于后转向节之上,并用手旋入固定螺栓。

3）使用15mm套筒、接杆、棘轮扳手组合工具安装制动卡钳支架2个固定螺栓。

4）使用15mm套筒、接杆、定扭式扭力扳手组合工具紧固制动卡钳支架2个固定螺栓至95N·m。

5）两人配合操作,一人在车内踩下制动踏板,一人安装制动盘固定螺栓。

6）使用十字梅花套筒、接杆、棘轮扳手组合工具安装制动盘固定螺栓,如图2-2-64所示。

图2-2-63　安装制动盘

7）降下车辆至一定高度。

8）安装电子驻车制动线束插接器,如图2-2-65所示。

9）安装左后侧车轮。

10）安装蓄电池负极电缆。

图2-2-64　安装制动盘固定螺栓

图2-2-65　安装电子驻车制动线束插接器

2. 电子驻车制动初始化

1）将诊断仪插头连接至车辆OBD插头,并确保连接可靠。

2）打开车辆电源开关。

3）打开诊断仪电源开关,并进入诊断仪诊断界面。

4）选择对应车型。

5）选择常用特殊功能。

6）选择电子驻车制动。

7）选择电子驻车系统。

8）选择元件动作测试1。

9）点击EPB初始化按钮,等待电子驻车制动初始化完毕。

10）退出诊断界面。

11）关闭诊断仪电源开关。

12）关闭车辆电源开关。

13）拔下诊断插头。

七、整理清洁

按照 7S 管理标准，整理工具和场地，设备复位。

非独立后悬架拆解与检查

请扫描二维码，查看"非独立后悬架拆解与检查"技能视频，结合视频内容及相关资料，规范地完成非独立后悬架检查实训。

一、实训工具与装备

1）工具：
① 专用工具：定扭式扭力扳手、指针式扭力扳手。
② 常用工具：世达 100 件工具套装、M12 旋具套筒。
2）设备：吉利帝豪 EV450、举升机。
3）防护用品：车内外防护三件套、防护服、安全鞋、绝缘手套。
4）耗材：铁丝。

二、实训前准备

1）穿戴好个人防护用品。
2）铺设车内防护三件套。
3）检查确认车辆状态是否正常。
4）安装车外防护三件套。

三、非独立悬架基本检查

1）断开低压蓄电池负极，如图 2-2-66 所示。
2）按压车辆左后尾部，随后松开，反复数次。
3）观察车身高度下降和上升状态是否正常、悬架有无异响。

注意事项：若车身高度下降过快、上升过慢或悬架有异响，则需检查减振器有无故障。

4）使用同样的方法检查右后减振器。

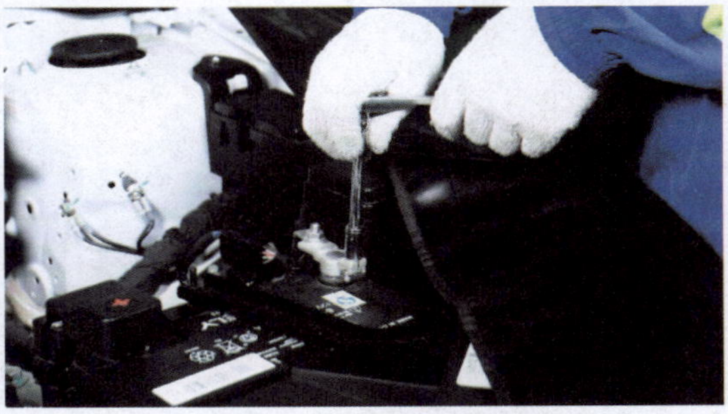

图 2-2-66　断开蓄电池负极

四、后稳定杆拆装

1. 后稳定杆拆卸

1）拆卸左后和右后车轮。

2）举升车辆至合适位置，并锁止举升机。

3）使用 21mm 套筒、接杆、指针式扭力扳手组合工具配合 18mm 扳手预松后稳定杆固定螺栓和螺母，如图 2-2-67 所示。

4）使用 21mm 套筒、接杆、棘轮扳手组合工具配合 18mm 扳手拆卸后稳定杆固定螺栓和螺母。

5）使用撬棒从一侧撬出后稳定杆。

2. 后稳定杆安装

1）目视检查后稳定杆是否有变形、扭曲、锈蚀等痕迹，若有应更换新的后稳定杆，如图 2-2-68 所示。

图 2-2-67 后稳定杆固定螺栓和螺母

图 2-2-68 后稳定杆

2）安装后稳定杆至后桥。

3）放入固定螺栓。

4）使用 21mm 套筒、接杆、棘轮扳手组合工具配合 18mm 扳手安装后稳定杆固定螺栓和螺母。

5）使用 21mm 套筒、接杆、定扭式扭力扳手组合工具配合 18mm 扳手紧固后稳定杆固定螺栓和螺母至 145N·m。

五、后桥总成拆解

1）使用 14mm 套筒、接杆、指针式扭力扳手组合工具预松制动卡钳支架 2 个固定螺栓，如图 2-2-69 所示。

2）使用 14mm 套筒、接杆、棘轮扳手组合工具拆卸制动卡钳支架 2 个固定螺栓。

3）取下制动卡钳。

4）使用铁丝固定至合适位置。

5）取下制动盘。

6）使用 10mm 套筒、棘轮扳手组合工具拆卸制动管路支架固定螺栓，如图 2-2-70 所示。

图 2-2-69 制动卡钳固定螺栓

图 2-2-70　制动管路支架固定螺栓

7）取下制动管路支架。

8）使用 8mm 套筒、棘轮扳手组合工具拆卸电子驻车制动线束支架一侧固定螺栓，如图 2-2-71 所示。

9）取下一侧电子驻车制动线束支架。

10）使用 10mm 扳手拆卸电子驻车制动线束支架另一侧固定螺栓，如图 2-2-72 所示。

11）取下另一侧电子驻车制动线束支架。

图 2-2-71　电子驻车制动一侧线束支架　　　图 2-2-72　电子驻车制动另一侧线束支架

12）断开轮速传感器线束插接器，如图 2-2-73 所示。

13）使用 15mm 套筒、接杆、指针式扭力扳手组合工具预松左侧轮毂轴承 4 个固定螺栓，如图 2-2-74 所示。

图 2-2-73　轮速传感器线束插接器　　　图 2-2-74　轮毂轴承固定螺栓

14）使用 15mm 套筒、接杆、棘轮扳手组合工具拆卸左侧轮毂轴承 4 个固定螺栓。

15）取下左侧轮毂轴承，并妥善放置。

16）以同样方法拆卸右侧轮毂轴承。

17）使用十字梅花套筒、接杆、棘轮扳手组合工具拆卸制动卡钳支架固定底座2个固定螺栓，如图2-2-75所示。

18）取下制动卡钳支架固定底座，如图2-2-76所示。

图2-2-75 制动卡钳支架固定底座固定螺栓　　　图2-2-76 制动卡钳支架固定底座

19）取下制动盘挡板，并妥善放置，如图2-2-77所示。

20）转动后轮毂轴承。检查轮毂轴承转动过程中是否有异响和卡滞等情况，若有，应更换新的轮毂轴承，如图2-2-78所示。

图2-2-77 制动盘挡板　　　图2-2-78 检查后轮毂轴承

21）将制动盘挡板放置于后轮毂轴承上。

22）将制动卡钳支架固定底座放置于后轮毂轴承上。

23）使用十字梅花套筒、接杆、棘轮扳手组合工具安装制动卡钳支架固定底座2个固定螺栓。

24）使用千斤顶撑起后桥中部。

25）使用21mm套筒、指针式扭力扳手组合工具预松左后减振器与后桥总成固定螺母，如图2-2-79所示。

26）使用21mm套筒、棘轮扳手组合工具拆卸左后减振器与后桥总成固定螺母。

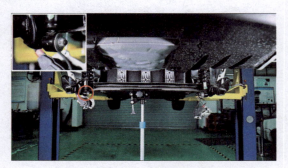

图2-2-79 左后减振器与后桥总成固定螺母

27）用手取下固定螺母和垫片，并将左后减振器与后桥总成分离。
28）以同样方法分离右后减振器与后桥总成。
29）使用18mm套筒、指针式扭力扳手组合工具预松后桥总成与车身左侧连接螺栓，如图2-2-80所示。
30）使用18mm套筒、棘轮扳手组合工具拆卸后桥总成与车身左侧连接螺栓。
31）以同样方法拆卸后桥总成与车身右侧连接螺栓。
32）缓慢降下千斤顶。
33）将后桥总成移除车辆底部。

图2-2-80　后桥总成与车身左侧连接螺栓

六、后减振器拆解

1. 后减振器拆卸

1）降下车辆至合适位置。
2）打开行李舱。
3）取下行李舱底板。
4）取下行李舱左侧挡板。
5）使用15mm套筒、指针式扭力扳手组合工具预松后减振器上部2个固定螺母，如图2-2-81所示。
6）使用15mm套筒、棘轮扳手组合工具拆卸后减振器上部2个固定螺母。
7）使用15mm套筒、接杆、指针式扭力扳手组合工具预松后减振器下部固定螺栓，如图2-2-82所示。

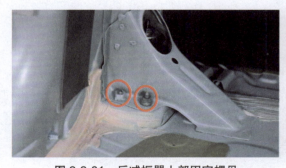

图2-2-81　后减振器上部固定螺母

图2-2-82　后减振器下部固定螺栓

8）使用15mm套筒、接杆、棘轮扳手组合工具拆卸后减振器下部固定螺栓。
9）取下后减振器，并妥善放置。

2. 后减振器分解

1）将后减振器固定至减振器拆装工具上。
2）将减振器拆装工具夹紧支架放置在减振器弹簧上。

3）用手旋转减振器拆装工具压紧手柄，向下压缩减振器弹簧。

⚠ **注意事项**：在拆卸减振弹簧时，一定要稳固牢靠，以免弹簧弹出对人员造成伤害。

4）使用 14mm 开口扳手和活动扳手拆卸后减振器活塞杆固定螺母，如图 2-2-83 所示。

5）取下后减振器上支座压板，如图 2-2-84 所示。

图 2-2-83　后减振器活塞杆固定螺母

图 2-2-84　后减振器上支座压板

6）取下后减振器上支座。
7）取下后减振器安装支架总成。
8）取下后减振器防尘套缓冲垫。
9）取下后减振器防尘罩压板。
10）取下后减振器防尘罩。
11）取下后螺旋弹簧隔垫。
12）用手旋转减振器拆装工具压紧手柄。
13）松开减振器弹簧后取下。
14）取下后减振器，并妥善放置。

七、后减振器检查与安装

1. 后减振器检查

1）检查后减振器是否有漏油痕迹，若有，应更换新的后减振器，如图 2-2-85 所示。

2）检查后减振器活塞杆和减振筒是否存在变形、弯曲、锈蚀和凹陷等情况，若有，应更换新的后减振器。

3）检查后减振器弹簧支架是否存在变形、脱焊等情况，若有，应更换新的后减振器。

4）压缩和伸展后减振器活塞杆，检查是否有异常阻力或异响，若有，应进行更换新的后减振器。

5）检查减振器防尘罩是否有老化、损坏等痕迹，若有，应更换新的减振器防尘罩，如图 2-2-86 所示。

6）检查减振器弹簧隔垫是否有老化、损坏等痕迹，若有，应更换新的减振器弹簧隔垫，如图 2-2-87 所示。

7）检查减振器安装支架是否有变形、损坏等痕迹，若有，应更换新的减振器安装支架，如图 2-2-88 所示。

图 2-2-85　后减振器　　　　　　　图 2-2-86　后减振器防尘罩

图 2-2-87　减振器弹簧隔垫　　　　图 2-2-88　减振器安装支架

8）检查减振器弹簧是否有弯曲、锈蚀等痕迹，若有，应更换新的后减振器弹簧，如图 2-2-89 所示。

9）检查减振器上支座是否有老化、损坏等痕迹，若有，应更换新的后减振器上支座，如图 2-2-90 所示。

图 2-2-89　减振器弹簧　　　　　　图 2-2-90　减振器上支座

2. 后减振器组装

1）将后减振器固定至减振器拆装工具上，如图 2-2-91 所示。

2）将减振器弹簧安装至减振器上，并使用减振器拆装工具压缩弹簧至合适位置，如图 2-2-92 所示。

图 2-2-91　固定后减振器　　　　　图 2-2-92　安装减振器弹簧

3）安装后螺旋弹簧隔垫，如图2-2-93所示。
4）安装后减振器防尘套，如图2-2-94所示。

图2-2-93　安装后螺旋弹簧隔垫

图2-2-94　安装后减振器防尘套

5）安装后减振器防尘罩压板，如图2-2-95所示。
6）安装后减振器防尘套缓冲垫，如图2-2-96所示。
7）安装后减振器安装支架总成。
8）安装后减振器上支座，如图2-2-97所示。
9）安装后减振器上支座压板，如图2-2-98所示。

图2-2-95　安装后减振器防尘罩压板

图2-2-96　安装后减振器防尘套缓冲垫

图2-2-97　安装后减振器上支座

图2-2-98　安装后减振器上支座压板

10）使用14mm开口扳手和活动扳手紧固减振器活塞杆固定螺母，如图2-2-99所示。
11）用手旋转减振器拆装工具压紧手柄，将减振器弹簧松开。
12）从减振器拆装工具上取下减振器。

项目二　新能源汽车行驶系统检测维修

图 2-2-99　安装减振器活塞杆固定螺母

3. 后减振器安装

1）将减振器装入车身，如图 2-2-100 所示。

2）旋入下部固定螺栓。

3）使用 15mm 套筒、接杆、棘轮扳手组合工具安装后减振器下部固定螺栓，如图 2-2-101 所示。

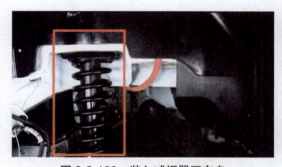

图 2-2-100　装入减振器至车身

图 2-2-101　安装后减振器下部固定螺栓

4）使用 15mm 套筒、接杆、定扭式扭力扳手组合工具紧固后减振器下部固定螺栓至 80N·m。

5）降下车辆至地面。

6）使用 15mm 套筒、接杆、棘轮扳手组合工具安装后减振器上部两颗固定螺栓。

7）使用 15mm 套筒、接杆、定扭式扭力扳手组合工具紧固后减振器上部两颗固定螺栓至 80N·m。

8）安装行李舱左侧挡板。

9）安装行李舱底板。

10）关闭行李舱。

八、后桥总成安装

1）举升车辆至合适位置，并锁止举升机。

2）将后桥总成放置于千斤顶上。

3)缓慢升起千斤顶直至车辆底部。

4)使用18mm套筒、棘轮扳手组合工具安装后桥总成与车身左侧连接螺栓,如图2-2-102所示。

5)使用18mm套筒、定扭式扭力扳手组合工具紧固后桥总成与车身左侧连接螺栓至145N·m。

6)以同样方法安装后桥总成与车身右侧连接螺栓。

7)将左后侧减振器与后桥总成连接,如图2-2-103所示。

图2-2-102　安装后桥总成与车身左侧连接螺栓　　图2-2-103　连接左后侧减振器与后桥总成

8)装入垫片,旋入固定螺栓,如图2-2-104所示。

9)使用21mm套筒、棘轮扳手组合工具安装左后减振器与后桥总成固定螺母,如图2-2-105所示。

图2-2-104　安装垫片　　　　　图2-2-105　安装左后减振器与后桥总成固定螺母

10)将左侧轮毂轴承放置于后桥总成上,并用手旋入4个固定螺栓,如图2-2-106所示。

11)使用15mm套筒、接杆、棘轮扳手组合工具安装左侧轮毂轴承4个固定螺栓。

12)使用21mm套筒、定扭式扭力扳手组合工具紧固左后减振器与后桥总成固定螺母至150N·m。

13)以同样方法安装左后减振器与后桥总成固定螺母。

14)降下千斤顶,并推离车辆底部。

图2-2-106　安装左侧轮毂轴承及其固定螺栓

15）使用15mm套筒、接杆、定扭式扭力扳手组合工具紧固左侧轮毂轴承4个固定螺栓至78N·m。

16）以同样方法安装右侧轮毂轴承。

17）安装轮速传感器线束插接器，如图2-2-107所示。

18）将电子驻车制动线束一侧支架放置于后桥总成合适位置，并用手旋入固定螺栓。

19）使用10mm扳手安装电子驻车制动线束支架一侧固定螺栓，如图2-2-108所示。

20）将电子驻车制动线束另一侧支架放置于后桥总成合适位置，并用手旋入固定螺栓。

图2-2-107　安装轮速传感器线束插接器

21）使用8mm套筒、棘轮扳手安装电子驻车制动线束支架另一侧固定螺栓，如图2-2-109所示。

22）将制动管路支架安装至后桥总成合适位置，并用手旋入固定螺栓。

23）使用10mm套筒、棘轮扳手组合工具安装制动管路支架固定螺栓，如图2-2-110所示。

图2-2-108　电子驻车制动支架一侧固定螺栓

图2-2-109　电子驻车制动支架另一侧固定螺栓

图2-2-110　安装制动管路支架固定螺栓

24）安装制动盘至轮毂轴承上。

25）安装制动卡钳支架至制动盘上，并用手旋入固定螺栓。

26）使用 14mm 套筒、接杆、棘轮扳手组合工具安装制动卡钳支架两颗固定螺栓，如图 2-2-111 所示。

27）使用 14mm 套筒、接杆、指针式扭力扳手组合工具紧固制动卡钳支架两个固定螺栓至 75N·m。

28）降下车辆至合适位置。

29）安装左后和右后车轮。

🔔 **注意事项**：非独立悬架拆卸安装完成后，需对车辆进行四轮定位矫正。

图 2-2-111　安装制动卡钳固定螺栓

九、整理清洁

按照 7S 管理标准，整理工具和场地，设备复位。

任务练习

一、选择题

1. 下列属于非独立悬架的类型是（　　）。
   A. 钢板弹簧式悬架　　B. 麦弗逊式悬架　　C. 双叉臂式悬架　　D. 多连杆式悬架
2. 螺旋弹簧非独立悬架通过增设（　　）来承受和传递车轴和车身之间的纵向和横向作用力及其力矩。
   A. 筒式减振器　　B. 导向机构　　C. 横向机构　　D. 弹簧
3. 螺旋弹簧作为弹性元件，仅仅能承受（　　）。
   A. 水平载荷　　B. 垂直载荷　　C. 任意载荷　　D. 扭矩
4. （　　）容易改变车身高度。
   A. 螺旋弹簧非独立悬架　　　　　　B. 横臂式独立悬架
   C. 空气弹簧非独立悬架　　　　　　D. 电子控制悬架

二、判断题

1. 螺旋弹簧能承受垂直载荷，故不用装设导向机构以传递垂直力以外的各种力和力矩。（　　）
2. 螺旋弹簧本身没有减振作用，因此在螺旋弹簧悬架中必须另装减振器。（　　）
3. 气体弹簧有空气弹簧和油气弹簧两种。空气弹簧又有囊式和膜式之分，油气弹簧包括单气室油气弹簧、双气室油气弹簧、两级压力式油气弹簧。（　　）
4. 螺旋弹簧用弹簧钢棒料卷制而成，可做成等螺距或变螺距。前者刚度可变，后者刚度是不变的。（　　）
5. 多数汽车的扭杆弹簧采用纵向安装的方式来平衡两边车轮受力，少数车型会用横向安装扭杆替代螺旋弹簧。（　　）

三、简答题

简述钢板弹簧非独立悬架的工作原理。

任务三　车架和车桥检测维修

一客户来到 4S 店，反映其车辆在不平路面行驶的过程中，汽车底盘发生异响，且出现车轮跑偏现象。4S 店维修技师接车后经路试确认了客户所描述的故障现象，并初步判定故障可能是由车桥出现问题导致的，本任务需掌握车架和车桥的基础知识、损伤形式及其检修方法。

学习目标

1）能准确描述车架的功用及其类型。
2）能准确描述各类型车架的结构组成。
3）能准确描述车桥的功用及其类型。
4）能熟练掌握驱动桥的功用及其各组成部分的工作原理。
5）能熟练掌握车架和车桥的常见故障及检修方法。

知识储备

一、车架

1. 车架功用

汽车车架俗称"大梁"，如图 2-3-1 所示，用以固定汽车的发动机、变速器、传动轴、悬架系统、转向系统和相关操作机构等总成和部件，使各总成保持正确的相对位置，并承受汽车内部及外部的各种载荷，同时承受行驶时所受到的冲击、扭曲、惯性力等。因此，要求车架具有足够的强度和合适的刚度，要求具有结构简单、质量小等特点，同时还应尽可能降低汽车重心和获得较大的前轮转向角，以保证汽车行驶的稳定性和转向灵活性。

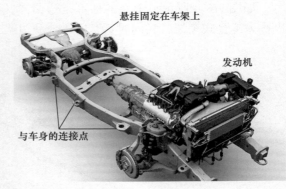

图 2-3-1　车架

2. 车架类型

目前，汽车上采用的车架有 4 种类型，即边梁式车架、中梁式车架、综合式车架及承载式车身（无梁式车架）。

（1）边梁式车架

如图 2-3-2 所示，边梁式车架由两根纵梁及若干根横梁组成，用铆接法或焊接法将纵横梁连接成固定的刚性构架。横梁用以连接纵梁，保证车架的抗扭刚度和承载能力，同时用来安装各个总成和零部件。车架前端装有横梁式保险杠，以防止汽车突然发生碰撞时损伤散热器和翼子板等机件。左右纵梁用以安装钢板弹簧、燃油箱、蓄电池等部件。

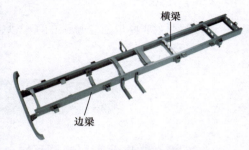

图 2-3-2　边梁式车架结构

边梁式车架具有结构简单、易于制造、有利于改装变型、便于布置和安装、具有较高的强度和刚度等优点，同时也存在重量较大、车身不参加承载、不利于降低底盘高度的不足。

（2）中梁式车架

如图 2-3-3 所示，中梁式车架是将中间一根大断面（圆形或矩形）的纵向脊梁作为主承载件，传动轴装在管内，脊梁中梁式车架的尾端与主减速器壳相连，形成断开式驱动桥，前端制成伸出的支架用以固定发动机。

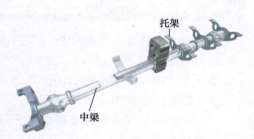

图 2-3-3　中梁式车架结构

中梁式车架具有扭转刚度大、质量轻、中梁可以封闭传动、防尘隔振、有利于降低底盘高度和整车重心高度的优点，同时也存在零部件安装不便、制造工艺复杂、精度要求高、维护和维修不便等不足。

（3）综合式车架

如图 2-3-4 所示，车架的前部是边梁式，而后部是中梁式，这种车架称为综合式车架也称为复合式车架，它同时具有中梁式和边梁式车架的特点。

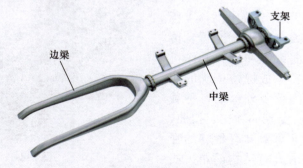

图 2-3-4　综合式车架

（4）承载式车身

现代轿车和部分客车为了减小质量，以车身兼代车架，取消了车架，制成了能够承受各种载荷的承载式车身（图 2-3-5），即无梁式车架。承载式车身也称为整体式或单体式车架，所有部件均固定在车身上。

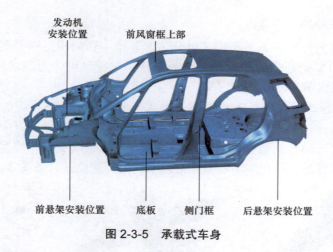

图 2-3-5 承载式车身

二、车桥

1. 车桥功用

车桥（也称车轴）通过悬架与车架（或承载式车身）相连，两端安装车轮。其功用是传递车架（或承载式车身）和车轮之间各方向的作用力，并承受这些力所形成的弯矩和扭矩。

2. 车桥类型

按车桥的结构形式不同，车桥可分为整体式和断开式两种。通常整体式车桥配用非独立悬架，断开式车桥配用独立悬架。

1）整体式车桥：整体式车桥适用非独立悬架，其车桥的外壳为一刚性的整体，两端通过悬架与车架连接，左右半轴始终在一条直线上，如图 2-3-6 所示。行驶时左右驱动轮不能相互独立地跳动，整个车桥和车身随着路面的凹凸变化而发生倾斜。

2）断开式车桥：断开式车桥适用独立悬架，其主减速器固定在车架上，驱动桥壳制成分段的并用铰链连接。半轴也分段并用万向节连接。驱动桥两段分别用悬架与车架连接。这样，两侧的驱动轮及桥壳可以彼此独立地相对于车架或车身上下跳动，如图 2-3-7 所示。

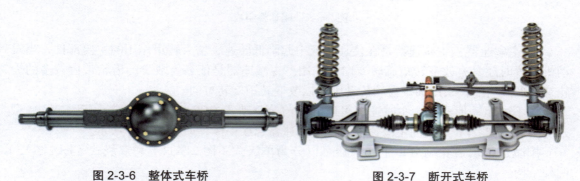

图 2-3-6 整体式车桥　　　　　　图 2-3-7 断开式车桥

3. 按车桥上车轮的作用分类

按车桥上车轮的作用不同,车桥又可分为驱动桥、转向桥、转向驱动桥和支持桥 4 种类型。根据车桥的车轮是驱动车轮还是从动车轮,车桥又可分为驱动桥和从动桥,其中,转向桥和支持桥都属于从动桥。

1)驱动桥:驱动桥壳既是传动系统的组成部分,也是行驶系统的组成部分。作为汽车传动系统的最后一个总成,发动机的动力经过离合器、变速器、万向传动装置,传到了驱动桥。驱动桥将万向传动装置输入的动力经降速增矩、改变动力传动方向后,分配到左右驱动轮,使汽车行驶,并允许左右驱动轮以不同的转速旋转,如图 2-3-8 所示。

a) 降速增矩　　　　b) 改变动力传递方向　　　　c) 实现差速

图 2-3-8　驱动桥功用

按照布置形式的不同可分为整体式驱动桥和分断式驱动桥,如图 2-3-9 所示,两种形式的驱动桥主要部件相同,都包括主减速器、差速器、半轴和桥壳等。

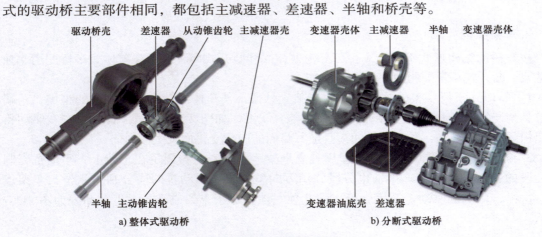

a) 整体式驱动桥　　　　b) 分断式驱动桥

图 2-3-9　驱动桥组成

① 主减速器:主减速器是在传动系统中起降低转速、增大转矩作用的主要部件,当发动机纵置时还具有改变转矩旋转方向的作用。主减速器是依靠齿数少的齿轮带齿数多的齿轮来实现减速的,采用圆锥齿轮传动则可以改变转矩旋转方向。

按不同驱动形式分,主减速器可以分为前轮驱动式(FF 型式)和后轮驱动式(FR 型式)两种结构。FF 型式的主减速器通常与变速器合成一体,如图 2-3-10 所示。

按减速传动齿轮副分,主减速器可以分为单级式(图 2-3-11)和双级式(图 2-3-12)两种结构。

项目二 新能源汽车行驶系统检测维修

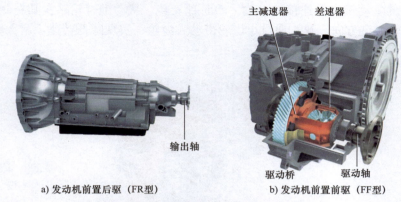

a) 发动机前置后驱（FR型）　　b) 发动机前置前驱（FF型）

图 2-3-10　主减速器按不同驱动形式分类

图 2-3-11　单级式主减速器　　　　图 2-3-12　双级式主减速器

目前，轿车和一般轻、中型车采用单级主减速器，既可满足汽车动力性要求，又具有结构简单、体积小、重量轻和传动效率高等优点。

单级减速器是由一个主动锥齿轮（俗称角齿）和一个从动伞齿轮（俗称盆角齿）组成，如图 2-3-13 所示。

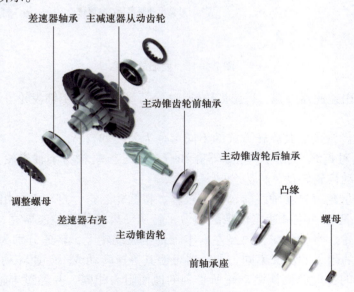

图 2-3-13　单级主减速器基本结构

主减速器的主动锥齿轮连接传动轴，顺时针旋转，从动锥齿轮贴在其右侧，啮合点向下转动，与车轮前进方向一致。通过小齿轮带动大齿轮，实现降低转速、增大转矩的目的，如图 2-3-14 所示。

图 2-3-14　主减速器工作原理

② 差速器：差速器的功用是将主减速器的动力传给左、右两个半轴，并允许左、右半轴以不同的转速旋转，使左、右驱动轮相对地面纯滚动而不是滑动，如图 2-3-15 所示。

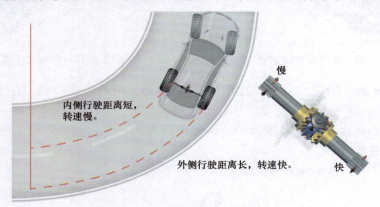

图 2-3-15　差速器功用

差速器一般由差速器外壳、行星齿轮轴、2 个行星轮、2 个半轴齿轮等组成，如图 2-3-16 所示。

差速器行星齿轮按照其旋转方式的不同可分为公转和自转。

公转是指绝对直线行驶时，差速器壳和行星轮（行星轮与半轴齿轮不发生相对转动）一同随减速器被动齿轮转动，称为公转。

自转是指行星轮绕自身轴线转动称为自转。将两轮悬空，自转方向相反，转速相同。

如图 2-3-17 所示，主减速器传来的动力，经从动齿轮传至差速器壳，转速为 n_0。行星齿轮轴、行星齿轮、半轴齿轮，再经左右半轴传至驱动轮上，转速分别为 n_1 和 n_2，根据左右两驱动轮遇到的阻力的情况不同，差速器可使其等速转动或不等速转动。

当车辆直行时，此时两侧驱动轮所受的地面阻力相同，并经过半轴、半轴齿轮反作用力也相同，因此行星轮不自转，只能随差速器壳和行星轮轴一起公转，两半轴无转速差，

即 $n_0 = n_1 = n_2$，$n_1 + n_2 = 2n_0$。

当车辆转弯时，此时两侧驱动轮所受到的地面阻力不同。如果车轮向左转弯，左侧驱动轮所受到的阻力较大，右侧驱动轮所受到的阻力较小，这两个阻力经半轴、半轴齿轮作用到行星轮上，使行星轮除了差速器壳公转外还顺时针自转。因此左侧半轴齿轮转速降低，右侧半轴齿轮转速增加，同时左侧半轴齿轮降低的转速等于右侧半轴齿轮增加的转速。假设半轴齿轮转速变化为 n_3，则 $n_1 = n_0 - n_3$，$n_2 = n_0 + n_3$，即汽车左转时，左侧车轮转速慢，右侧车轮转速快，实现纯滚动，此时 $n_1 + n_2 = n_0$。

③ 半轴：半轴是在差速器与驱动轮之间传递动力的实心轴，其功用是将差速器半轴齿轮输出的动力传给驱动轮或轮边减速器，如图 2-3-18 所示。

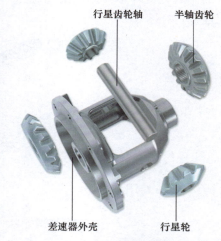

图 2-3-16 差速器结构

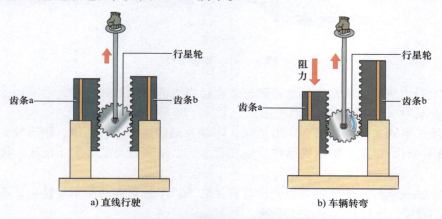

a) 直线行驶　　　　　b) 车辆转弯

图 2-3-17 差速器基本工作原理示意图

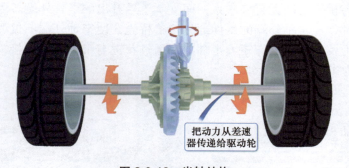

图 2-3-18 半轴结构

半轴的结构因驱动桥结构的不同可分为整体式和分段式，如图 2-3-19 所示。整体式驱动桥中的半轴为一刚性整轴，而分段式驱动桥中的半轴则分段并用万向节连接。半轴内端一般制有外花键，与半轴齿轮连接。半轴外端结构形式有的直接在轴端锻造出凸缘盘，也有的制成花键与单独制成的凸缘盘滑动配合，还有的制成锥形并通过花键和螺母与轮毂固定连接。

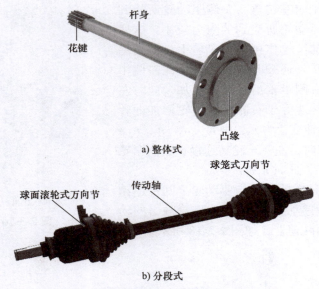

图 2-3-19　半轴类型

半轴的受力情况由半轴与驱动轮的轮毂在桥壳上的支承形式而定，常采用的形式有全浮式半轴支承和半浮式半轴支承两种形式。

a. 全浮式半轴支承：如图 2-3-20 所示，半轴外端锻造有半轴凸缘，用螺栓紧固在轮毂上，轮毂用一对圆锥滚子轴承支承在半轴套管上，半轴套管与空心梁压配成一体，组成驱动桥壳。

这种半轴支承形式中半轴与桥壳没有直接联系，半轴只在两端承受转矩，不承受其他任何反力和弯矩，所以称为全浮式半轴。

b. 半浮式半轴支承：如图 2-3-21 所示，半轴用一个圆锥滚子轴承直接支承在桥壳凸缘的座孔内，车轮与桥壳之间无直接联系，而支承于悬升出的半轴外端。因此，地面作用于车轮的各种反力都须经半轴外端的悬伸部分传给桥壳，使半轴外端不仅要承受转矩，而且还要承受各种反力及其形成的弯矩。半轴内端通过花键与半轴齿轮连接，不承受弯矩，故称这种支承形式为半浮式半轴支承。

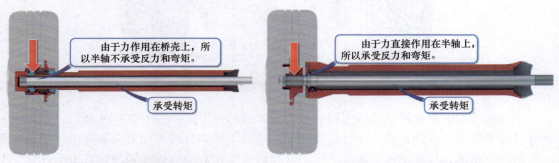

图 2-3-20　全浮式半轴支承　　　　图 2-3-21　半浮式半轴支承

④ 桥壳：驱动桥壳既是传动系统的组成部分，也是行驶系统的组成部分。作为传动系统的组成部分，其功用是安装并保护主减速器、差速器和半轴。作为行驶系统的组成部分，其功用是安装悬架或轮毂，和从动桥一起支承汽车悬架以上各部分质量，承受驱动轮传来的反力和力矩，并在驱动轮与悬架之间传力，如图2-3-22所示。

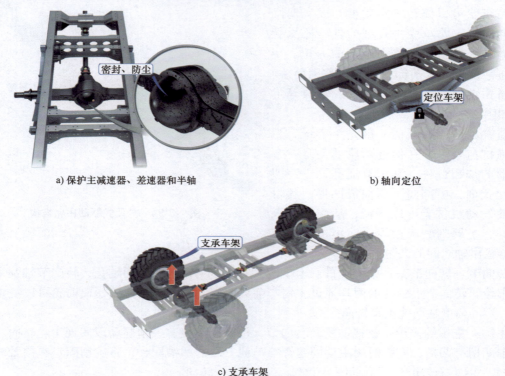

图 2-3-22　驱动桥壳功用

按结构不同，驱动桥可分为整体式驱动桥和分段式驱动桥两种，桥壳也分为整体式桥壳和分段式桥壳两种。

a. 整体式桥壳：整体式驱动桥采用非独立悬架，其驱动桥壳为刚性的整体，两端通过悬架与车架连接。左右半轴始终在一条直线上，行驶时左右驱动轮不能相互独立地跳动，整个车桥和车身随着路面的凹凸变化而发生倾斜。

整体式桥壳一般是铸造，具有较大的强度和刚度，便于主减速器的拆装和调整。整体式桥壳的结构如图2-3-23所示，这种结构多用于汽车的后桥，适用于中型以上货车。

b. 分段式桥壳：分段式驱动桥采用独立悬架，其主减速器固定在车架上，

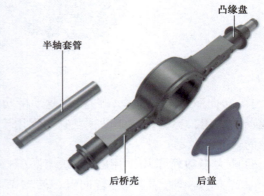

图 2-3-23　整体式驱动桥壳结构

驱动桥壳制成分段并用铰链连接。半轴也分段并用万向节连接。驱动桥两段分别用悬架与车架连接。这样，两侧的驱动轮及桥壳可以彼此独立地相对于车架或车身上下跳动。

分段式桥壳一般由两段组成，由螺栓将其连成一体，如图 2-3-24 所示。

2）转向桥：转向桥是利用车桥中的转向节使车轮可以偏转一定角度，以实现汽车的转向。它除承受垂直载荷外，还承受纵向力和侧向力及这些力造成的力矩。转向桥通常位于汽车前部，因此也称为前桥。转向桥由前梁、转向节、主销、轮毂等组成，如图 2-3-25 所示。

前梁：前梁的断面一般是工字形。为了提高抗扭强度，在接近两段处各有一个成拳形的加粗部件，其中有通孔，主销即插入此孔内，中部向下弯曲成凹形，其目的是使发动机位置得以降低，从而降低汽车质心，扩展驾驶人视野，减小传动轴与变速器输出轴之间的夹角。

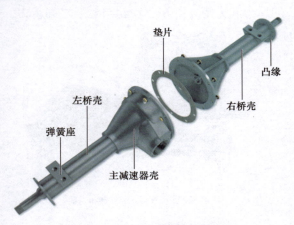

图 2-3-24 分段式驱动桥壳结构

转向节：转向节是一个叉形件。上下两叉有安装主销的两个同轴孔，转向节轴颈用来安装车轮。转向节上销孔的两耳通过主销与前梁两端的拳形部分连接，使前轮可以绕主销偏转一定的角度从而使汽车转向。

主销：主销的作用是铰接前梁及转向节，使转向节绕着主销摆动以实现车轮转向。主销的中部切有凹槽，安装时用主销固定螺栓与他上面的凹槽配合，将主销固定在前轴的拳形孔中。主销与转向节上的销孔是动配合，以便实现转向。

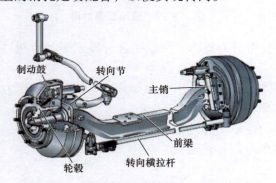

图 2-3-25 转向桥结构

3）转向驱动桥：结合转向桥与驱动桥功能于一体，既有承载和转向的作用，还能兼顾驱动的作用，称为转向驱动桥。它主要用于一些轿车与全驱动的汽车的前桥上，能实现车轮的转向和驱动。

目前大多数轿车均采用断开式、独立悬架转向驱动桥，它不仅具有驱动桥的主减速器、差速器和半轴，还包含转向臂、转向节、转向横拉杆、制动盘和车桥，如图 2-3-26 所示。

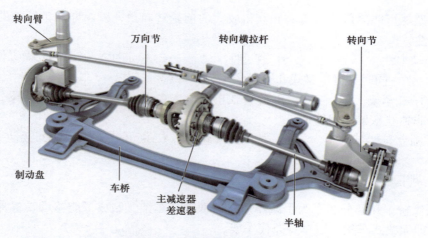

图 2-3-26 转向驱动桥结构

4）支持桥：既无转向功能也无驱动功能的桥称为支持桥，支持桥也可分为整体式（图 2-3-27）和断开式（图 2-3-28）两种。

图 2-3-27 整体式支持桥　　　　　　图 2-3-28 断开式支持桥

三、车架常见故障及检修方法

常见故障：变形、裂纹和锈蚀。

故障现象：车轮跑偏，汽车底盘发生异响。

检修方法：修理前应清除锈层，然后从外观上寻找车架是否产生严重的弯曲和扭转变形，是否有开裂、脱焊、锈蚀及铆接松动现象。对肉眼不易直接看到的裂纹，可用水将车架清洗干净后再涂上滑石粉，用锤子敲打查出裂纹。

任务练习

一、选择题

1. 独立悬架与（　　）车桥配合。
   A. 断开式　　　　B. 整体式　　　　C. A、B 均可　　　　D. A、B 均不可

2. 车架尽可能降低汽车重心和获得较大的前轮转向角，以保证汽车行驶的（　　）和转向灵活性。

  A. 动力性   B. 通过性   C. 稳定性   D. 操纵性

3. （　　）同时具有中梁式和边梁式车架的特点。

  A. 刚式车架   B. 复合式车架   C. 边梁式车架   D. 中梁式车架

4. 与非独立悬架配用的是（　　）。

  A. 独立悬架   B. 整体式车轿   C. 断开式车桥   D. 活动变节式车桥

二、判断题

1. 现代轿车和部分客车为了减小质量，取消了车架，制成了能够承受各种载荷的承载式车身，即无梁式车架，以车身兼代车架。（　　）

2. 边梁式车架横梁用以连接纵梁，保证车架的抗扭刚度和承载能力，同时用来安装各个总成和零部件。（　　）

3. 车桥（也称车轴）的功用是传递车架（或承载式车身）和车轮之间的各方向的作用力，并承受这些力所形成的弯矩和扭矩。（　　）

4. 按悬架的结构形式不同，车桥可分为整体式和断开式两种。通常整体式车桥配用独立悬架，断开式车桥配用非独立悬架。（　　）

5. 中梁式车架具有扭转刚度小、质量轻、中梁可以封闭传动、防尘隔振。有利于提高底盘高度和整车重心高度的优点。（　　）

三、简答题

简述驱动桥的作用。

任务四　车轮定位检测

一辆行驶里程约 12 万 km 的比亚迪 e5 纯电动轿车，用户反映：该车在行驶时，转向盘回正后，车轮还是存在跑偏现象。4S 店维修技师接车后进行试车，确认了故障现象，同时还发现车辆左右前轮轮胎有不均匀磨损，提出要对车辆做四轮定位检测。请你根据所学知识对车辆进行四轮定位检测。

学习目标

1）能准确说出车轮定位的定义、作用及其原理。

2）能准确描述定位参数的类型、作用及其原理。

3）能准确说出四轮定位仪的类型及其特点。

4）能准确描述四轮定位仪的基本操作规程。

5）能熟练掌握四轮定位的使用情况。
6）能熟练掌握四轮定位的检测要点，并规范地完成实训操作。

知识储备

一、车轮定位概述

车轮定位指的是汽车的每个车轮、转向节和车桥与车架的安装应保持一定的相对位置。其作用是增加行驶安全性，保持直线行驶的稳定性，保证汽车转弯时的转向轻便，使转向轮自动回正，减少燃油（或燃料）消耗，减少轮胎的磨损，增加驾驶操控性和降低悬架部件磨损等。

车轮定位包括前轮定位和后轮定位，统称为四轮定位。前轮定位主要包括主销后倾、主销内倾、前轮外倾和前轮前束四方面内容。后轮定位主要包括后轮外倾和后轮前束两方面内容。四轮定位以汽车的四轮定位参数为依据，通过调整以确保汽车良好的行驶性能并具备一定的可靠性。

二、四轮定位参数

四轮定位参数即指转向前轮和转向后轮的定位参数。转向桥在保证汽车转向功能的同时，还应使转向轮有自动回正作用，以保证汽车稳定直线行驶。即当转向轮在偶遇外力作用发生偏转时，一旦作用的外力消失后，应能立即自动回到原来直线行驶的位置。这种自动回正作用是由转向轮的定位参数来保证的，转向轮的定位参数主要有主销后倾角、主销内倾角、前轮外倾角、前轮前束、后轮外倾和后轮前束6个参数。

1. 主销后倾角

主销轴线与地面垂直线之间形成的夹角为主销后倾角，即指主销轴线向前或向后倾斜的角度，如图2-4-1所示。主销后倾角影响转向时的方向控制，但不影响轮胎磨损。主销后倾角受车辆高度影响，所以将车身保持在设计高度很重要。

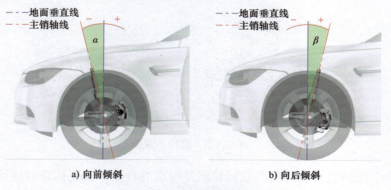

a) 向前倾斜　　　b) 向后倾斜

图 2-4-1　主销后倾角

主销后倾角能形成回正的稳定力矩。当汽车直线行驶时，若转向轮偶然受到外力作用而稍有偏转，将使汽车行驶方向左右偏离，这时，车轮与路面接触处，路面对车轮作用着一个侧向作用力，作用力对车轮形成绕主销轴线作用的力矩，其方向正好与车轮偏转方向相反。在此力矩作用下，将使车轮回到原来的中间位置，从而保证汽车稳定直线行驶，故此力矩称为稳定力矩。

2. 主销内倾角

在汽车横向平面内，地面垂直线与主销轴线之间形成的夹角为主销内倾角，如图 2-4-2 所示。

主销内倾角也有使车轮回正的作用。当转向轮在外力作用下由中间位置偏转一个角度时，车轮的最低点将陷入路面以下，但实际上车轮下边缘不可能陷入路面以下，而是将转向车轮连同整个汽车前部向上抬起相应的高度，这样，汽车本身的重力有使转向轮回到原来中间位置的效应。

3. 前轮外倾角

在汽车横向平面内，地面垂直线与前轮中心线之间形成的夹角为前轮外倾角。前轮外倾角又分为前轮负外倾和前轮正外倾。当前轮顶部向外倾斜时，前轮外倾角为正；当前轮顶部向内倾斜时，前轮外倾角为负，如图 2-4-3 所示。

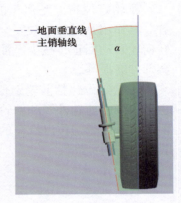

图 2-4-2　主销内倾角

前轮外倾角也具有定位作用。α 是通过前轮中心的汽车横向平面与前轮平面的交线与地面垂直之间的夹角，如图 2-4-3a 所示。如果空车时前轮的安装正好垂直于路面，则满载时，车桥将因承载变形而可能出现前轮内倾，这将加速汽车轮胎的偏磨损。另外，路面对前轮的垂直反作用力沿轮毂的轴向分力，将使轮毂压向轮毂外端的小轴承，加重了外端小轴承及轮毂紧固螺母的负荷，降低了他们的使用寿命。

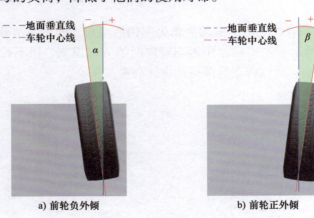

a) 前轮负外倾　　　　　　b) 前轮正外倾

图 2-4-3　前轮外倾角

因此，为了使轮胎磨损均匀和减轻轮毂外轴承的负荷，安装前轮时应预先使其有一定的外倾角，以防止前轮内倾，同时，前轮有了外倾角也可以与拱形路面相适应。

4. 前轮前束

两前轮从正前方位置向内或向外的偏转程度称为前轮前束。前轮有了外倾角后,在滚动时就类似于滚锥,从而导致两侧前轮向外滚开。由于转向横拉杆和车桥的约束使前轮不可能向外滚开,前轮将在地面上出现边滚边滑的现象,从而增加了轮胎的磨损。为了消除前轮外倾带来的这种不良后果,在安装前轮时,使汽车两轮的中心面不平行,两轮前边缘距离小于后边缘距离,后边缘距离减去前边缘距离之差称为前轮前束,如图2-4-4所示。

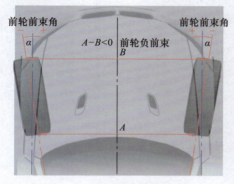
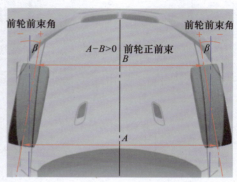

a) 前轮负前束 b) 前轮正前束

图 2-4-4　前轮前束

5. 后轮外倾

地面垂直线与后轮中心线之间形成的夹角称为后轮外倾角,包括正外倾和负外倾。当后轮顶部向外倾斜时,后轮外倾角为正;当后轮顶部向内倾斜时,后轮外倾角为负,如图2-4-5所示。为了对载荷进行补偿,采用独立悬架的大多数车辆常带有一个较小的后轮外倾角。

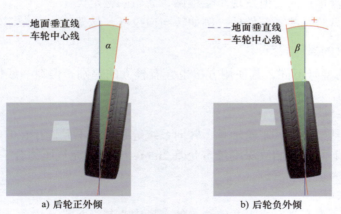

a) 后轮正外倾　　　　b) 后轮负外倾

图 2-4-5　后轮外倾

6. 后轮前束

后轮前束的作用与前轮前束的作用基本相同。后轮前束指后轮从正前方位置向内或向外的偏转程度,后轮向内转时,后轮前束为正,后轮向外转时,后轮前束为负,如图2-4-6所示。一般前驱汽车,前驱动轮宜采用正前束,后从动轮宜采用负前束;对于后驱汽车,前从动轮宜采用负前束,后驱动轮采用正前束。

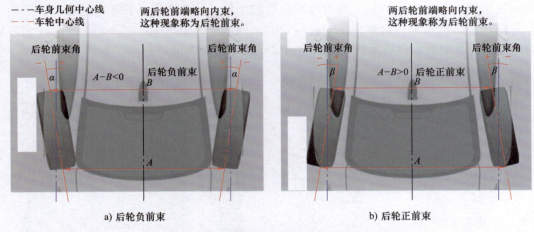

图 2-4-6　后轮前束

三、四轮定位仪的应用及操作规范

1. 四轮定位仪的应用

1)一般车辆行驶20000km或者1年时间,需做四轮定位。
2)轮胎出现异常磨损时,需做四轮定位。
3)转向盘过轻、过重或异常发抖时,需做四轮定位。
4)发生事故维修后或更换轮胎后,需做四轮定位。
5)确定转向盘是正的,但发现车会跑偏,需做四轮定位。
6)当更换底盘的一些零部件后,例如转向横拉杆、悬架等,需做四轮定位。

2. 四轮定位仪的操作规范

四轮定位仪的型号不同,其使用方法也会有较大的差别,但在一般情况下,其基本的操作规范是一致的。

(1)定位前车辆检查
1)检查车辆悬架装置、车轮轴承、转向系统等是否有不允许存在的间隙和损坏。
2)一个车桥上的轮胎胎纹深度最多允差2mm,且轮胎充气压力合乎规定。
3)车辆装备为全装置重量。

(2)定位要求
1)将车辆驶入汽车举升机上并停稳,使车辆中心与汽车举升机和转盘中心重合。
2)检查、必要时更改车辆规格。
3)应严格按定位仪显示步骤进行操作,不允许省略,如按要求作车轮偏差补偿和轮胎检测。轮胎检测的有关内容应按要求输入仪器。

4）各轮定位参数（前束、外倾角）的调整应符合各车型维修手册的要求，对检测不符合规定要求的均应进行调整（原车不能调整的除外）。

5）各定位参数的调整方法应符合各车型"维修手册"的要求。

6）定位结果应予以保存和打印。

四、车轮定位中常见问题及调节方法

1. 常见问题

1）车轮前束调整不当，将导致轮胎过早磨损以及转向不稳。

2）正车轮外倾角过大，将导致轮胎外侧过早磨损及悬架零件过度磨损；负车轮外倾角过大，将导致轮胎内侧过早磨损及悬架零件过度磨损；两侧的外倾角相差 1° 或以上，会导致车辆跑偏至正外倾角较大的一侧。

3）正主销后倾角过小，高速时转向困难，且在转向结束后车轮回正性能下降。若某个车轮的正主销后倾角比其他车轮的大，则该车轮将向车辆中心偏斜。在此情况下，即使正主销后倾角极小，也会导致车辆跑偏。

2. 调节方法

1）后轮前束不可调整。如果后轮前束角不在规定范围内，检查悬架支架是否错位或后悬架是否损坏。如有必要，更换所有损坏的悬架部件。

2）调节前轮前束时，首先需确保转向盘置于正前位置，然后松开转向横拉杆防松螺母，通过转动内转向横拉杆，将前束调整至规定值，最后重新紧固防松螺母，并将转向盘转角传感器对中。

3）车轮后倾角和外倾角不可调整。如果后倾角和外倾角不在规定范围内，检查悬架支架是否错位或悬架是否损坏。如有必要，更换所有损坏的悬架部件。

实训演练

四轮定位

请扫描二维码，查看"四轮定位"技能视频，结合视频内容及相关资料，规范地完成四轮定位的实训。

一、实训工具与装备

1）工具：
① 常用工具：150 件工具套装。
② 测量工具：轮胎花纹深度尺、轮胎压力表。

2）设备：四轮定位仪、整车。

3）防护用品：棉布手套、安全鞋。

二、实训前准备

穿戴好个人防护用品。

三、准备车辆

1）将车辆正直放在汽车举升机上，并确认车辆为空载状态，备胎与随车工具齐全，确认完成后，关闭行李舱盖。

2）将转向盘旋转至正直位置。

3）确认各车轮停放在转角盘中心位置，如图2-4-7所示。

图 2-4-7　确认车轮位置

4）将汽车举升机主机举升至合适高度位置，并锁上安全锁，如图2-4-8所示。

5）检查横拉杆有无弯曲、损坏和松旷，检查横拉杆球头是否松动，检查横拉杆防尘套是否有损坏、卡扣是否有松动。

6）检查下悬架臂是否有损坏，检查下悬架臂螺栓是否有松动。

7）检查前稳定杆有无变形或松旷，如图2-4-9所示。

图 2-4-8　举升车辆

图 2-4-9　检查前稳定杆

8）检查后减振器弹簧与后减振器有无异常，如图2-4-10所示。

9）将汽车举升机下降至最低锁止位置。

四、安装夹具 传感器 连接电缆

1）单击车轮定位软件图标，进入初始界面，如图2-4-11所示。

图 2-4-10　检查后减振器

2）点击"下一步",选择当前维修单信息栏目,进入维修单界面,在车上查找到正确的信息后,输入汽车识别号如图2-4-12所示。

3）正确输入车辆信息,如图2-4-13所示。

4）安装左侧两块汽车举升机垫块,将垫块安装在车辆举升点正下方的举升平板上面,如图2-4-14所示。

图 2-4-11　初始界面

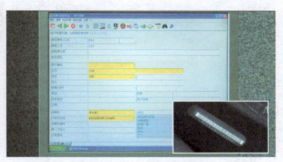

图 2-4-12　维修单界面

图 2-4-13　输入车辆信息

图 2-4-14　安装举升机垫块

5）安装右侧两块举升机垫块。

注意事项：车辆的举升点在车辆底座两个凹槽处,举升机垫块必须整块在举升平板内,不允许垫块部分在平板外。

6）举升车辆,检查左右两侧汽车举升机垫块安装是否到位,如不到位,则进行调整。

7）按下汽车举升机上升按钮,举升车辆至车轮离开转角盘10cm左右。

8）按压车辆前部,检查车辆支撑是否合适。

9）按压车辆后部,检查车辆支撑是否合适。

10）检查轮胎是否破损,轮辋是否变形,根据规定的气压,调整各轮胎气压至规定数值,如图2-4-15所示。

11）使用轮胎花纹深度尺测量花纹深度,如图2-4-16所示。

12）检查各轮胎花纹内有无异物,检查各车轮是否有轴向窜动,检查各车轮自带的轮胎型号。

13）根据观察及实际测量的数值输入轮胎气压、轮胎尺寸、轮胎深度,如图2-4-17所示。

图 2-4-15 测量胎压

图 2-4-16 测量花纹深度

14）点击"下一步"按钮，进入下一步操作界面，如图 2-4-18 所示。

图 2-4-17 输入数值

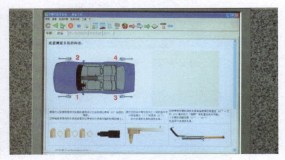
图 2-4-18 操作界面

15）将轮胎卡具从工具车上取下，依次正确安装车轮卡具，将车轮卡具上卡爪卡在轮辋上并紧固，如图 2-4-19 所示。向内推压卡具，将左右两个卡爪固定在车轮上，如图 2-4-20 所示，检查四轮卡具安装是否正常，依次取下车轮夹具的加力杆。

图 2-4-19 安装车轮卡具

图 2-4-20 向内推压卡具

16）确保紧固后，用同样的方法依次安装左后车轮卡具、右前车轮卡具、右后车轮卡具。

17）依次安装左前车轮传感器、左后车轮传感器、右前车轮传感器和右后车轮传感器，然后依次连接四个传感器的传输线，如图 2-4-21 所示。

18）连接传感器电缆，将传感器电缆对准上方槽孔与电缆上的标记，如图 2-4-22 所示。

图 2-4-21　连接传输线

图 2-4-22　连接电缆

> **注意事项**：前轮传感器有一端的电缆要连接到 ECU。

19）当电缆全部连接完成后，启动传感器，如图 2-4-23 所示。

20）调水平，使水平气泡至中央处并锁紧，如图 2-4-24 所示。

图 2-4-23　启动传感器

图 2-4-24　调水平

五、偏位补偿

1）点击"下一步"按钮，进入下一步操作，放下驻车制动，如图 2-4-25 所示。

2）按设备要求，进行四轮偏位补偿。

3）进行右后轮偏位补偿、左后轮偏位补偿、左前偏位补偿、右前偏位补偿，完成四个车轮偏位补偿值计算，如图 2-4-26 所示。

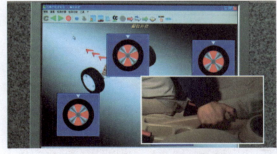
图 2-4-25　放下驻车制动

图 2-4-26　偏位补偿

4）补偿结束后，拔出转角盘和后滑板的固定销，如图 2-4-27 所示。

图 2-4-27 拔出固定销

六、调整前检测

1）将汽车举升机降到最低位置。

2）检查两前轮中心是否落在转角盘中心，如图 2-4-28 所示。

3）按计算机显示界面提示操作，转动转向盘，如图 2-4-29 所示。

图 2-4-28 检查两前轮位置

图 2-4-29 转动转向盘

4）根据显示界面提示，进行下一步操作，安装制动锁，选用正确的工具，将制动踏板压下并固定，如图 2-4-30 所示。

5）调水平，使水平气泡至中央处并锁紧，如图 2-4-31 所示。

图 2-4-30 安装制动锁

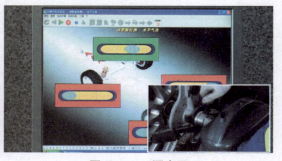

图 2-4-31 调水平

6）根据显示界面提示，进行转向操作，转动转向盘，向左转向20°，旋转至绿色停止，如图2-4-32所示。

7）向右转向20°，旋转至绿色停止，如图2-4-33所示。

图2-4-32　向左转向20°

图2-4-33　向右转向20°

8）等值单独前束，旋转至绿色停止，如图2-4-34所示。

9）根据显示界面提示"正前打直"方向，旋转至绿色停止，如图2-4-35所示。

图2-4-34　等值单独前束

图2-4-35　正前打直

10）检测计算机数据。

七、检测及调整前轮前束

1）使用转向盘固定工具固定转向盘，如图2-4-36所示。

2）按照汽车举升机操作规范，使用汽车举升机主机举升车辆至合适高度。

3）检查前轮前束参数，根据计算机数据，调整前束，绿色为合格，如图2-4-37所示。

4）拧松左侧和右侧转向拉杆锁紧螺母，如图2-4-38所示。

图2-4-36　固定转向盘

图 2-4-37　前轮前束参数　　　　　图 2-4-38　拧松螺母

5）用扳手旋转左右转向球头拉杆，将前束参数调整至规定值，如图 2-4-39 所示。

6）用扳手固定住转向内拉杆的同时，拧紧转向外拉杆锁紧螺母至 50~70N·m，如图 2-4-40 所示。

图 2-4-39　调整前束参数　　　　　图 2-4-40　拧紧螺母

注意事项：调整前束参数时，要保证左、右转向拉杆长度相等，避免左、右轮胎磨损不均匀。

八、复检

1）将车辆降低到最低位置。
2）拉起驻车制动。
3）拆卸转向盘固定工具。
4）取下制动锁。
5）根据计算机提示调水平，使水平气泡位于中央并锁紧。
6）根据计算机提示进行转向操作。
7）储存检测报告。
8）退出计算机检测并复原检测程序。

九、整理清洁

按照 7S 管理标准，整理工具和场地。

任务练习

一、选择题

1. 主销后倾角受车辆（　　）影响。
   A. 动力　　　　　　B. 宽度　　　　　　C. 制动效果　　　　D. 高度
2. 在汽车横向平面内，地面垂直线与主销轴线之间形成的夹角为（　　）。
   A. 主销外倾角　　　B. 主销内倾角　　　C. 前轮外倾角　　　D. 前轮内倾角
3. 当（　　）时不需要对车辆进行四轮定位。
   A. 车辆行驶 20000km
   B. 购买新车，平稳驾驶 3 个月
   C. 轮胎出现异常磨损，如轮胎单侧磨损或出现凹凸状羽毛状磨损
   D. 车辆发生碰撞事故后
4. 下面哪个参数不正确不会导致轮胎非正常磨损（　　）。
   A. 主销后倾角　　　B. 前束　　　　　　C. 车轮外倾角　　　D. 轮胎气压
5. 前驱汽车的前驱动轮宜采用（　　）。
   A. 正前束　　　　　B. 负前束　　　　　C. 车轮前束　　　　D. 车轮后束

二、判断题

1. 调整前束参数时，要保证左、右转向拉杆长度相等，避免左、右轮胎磨损不均匀。（　　）
2. 车轮前束调整不当将导致轮胎过早磨损以及转向不稳。（　　）
3. 一个车桥上的轮胎胎纹深度最多允差 4mm，且轮胎充气压力合乎规定。（　　）
4. 转向盘过轻、过重或异常发抖需要进行四轮定位检查，但只是轮胎异常磨损则不用。（　　）

三、简答题

简述四轮定位的操作规范。

任务五　车轮和轮胎检测维修

一辆行驶里程约 6 万 km 的 2019 款比亚迪 e5 纯电动轿车，用户反映：该车在行驶过程中，转向盘振动，操纵稳定性和乘坐舒适性大不如前。4S 店维修技师接车后，经过路试和初步检查，怀疑故障是车轮和轮胎损坏导致的，为了确定故障原因，需对车轮和轮胎做进一步的检测。请你根据所学知识对车轮和轮胎进行检测。

学习目标

1) 能准确说出车轮的作用及其类型。
2) 能准确描述辐板式车轮与辐条式车轮的结构与特点。
3) 能准确说出轮辋的类型及其特点。
4) 能准确说出轮胎的作用及其类型。
5) 能准确描述斜交轮胎、子午线轮胎和无内胎轮胎的结构与特点。
6) 能掌握轮胎规格的表示方法及轮胎换位的方法。
7) 能掌握轮胎异常磨损的类型。
8) 能熟练掌握车轮检测的要点,并规范地完成实训操作。

知识储备

车轮与轮胎是汽车行驶系统中的重要部件,对于一辆汽车而言,实现其性能的关键配置是轮胎。正如职业田径运动员都很在意使用什么样的跑鞋一样,合适的轮胎对汽车至关重要。

车轮与轮胎的功用:支承车身总质量;缓和由路面传来的冲击力;通过轮胎同路面间存在的附着力来产生驱动力和制动力(图 2-5-1);汽车转弯行驶时产生平衡离心力的侧抗力(图 2-5-2),在保证汽车正常转向行驶的同时,通过车轮产生的自动回正力矩使汽车保证直线行驶;承担越障和提高通过性等。

a) 驱动力　　　　　　b) 制动力

图 2-5-1　汽车驱动力与制动力

车轮和轮胎统称为车轮总成,主要由轮辋、轮胎、车轮螺栓、车轮饰板和气门嘴等组成,如图 2-5-3 所示。

图 2-5-2　侧抗力

一、车轮

车轮是介于轮胎和车轴之间的旋转承载件，通常由轮辋和轮辐两个主要部件组成。轮辋是在车轮上安装和支承轮胎的部件，轮辐是在车轮上介于车轴和轮辋之间的支承部件。其功用是安装轮胎、连接半轴或转向节，并承受汽车重量和半轴或转向节传来的力矩。

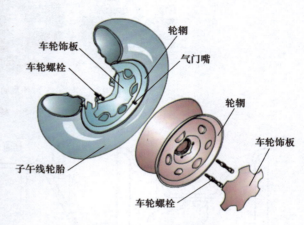

图 2-5-3　车轮总成结构

1. 轮辐

轮辐是保护车辆车轮的轮圈、辐条的装置。按照轮辐的构造不同，车轮可分为辐板式车轮和辐条式车轮。目前主流的家用轿车均采用辐板式轮辐结构。

（1）辐板式车轮

在轿车和货车上广泛采用辐板式车轮。辐板式车轮由轮辋、辐板、挡圈和气门嘴伸出口组成。辐板大多是由钢板冲压制成或铝合金铸造的，少数是和轮毂铸成一体，后者主要用于重型汽车。

对于轿车而言，为了减轻车轮质量，辐板选用较薄材料，且将辐板冲压成起伏形状，以提高刚度。

（2）辐条式车轮

按辐条的结构不同，辐条又分为钢丝辐条和铸造辐条，如图 2-5-4 所示。钢丝辐条车轮由于价格昂贵、维修安装不便，故仅用于赛车和某些高级轿车上。铸造辐条式车轮常用于重型货车上。

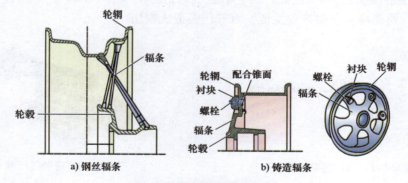

图 2-5-4　辐条式车轮结构

2. 轮辋

轮辋也称钢圈，用于安装和固定轮胎。按其结构不同，轮辋的常见类型有深槽轮辋、平底轮辋和对开式轮辋，其外观如图 2-5-5 所示，断面如图 2-5-6 所示。此外，还有半深槽轮辋、深槽宽轮辋、平底宽轮辋、全斜底轮辋等。

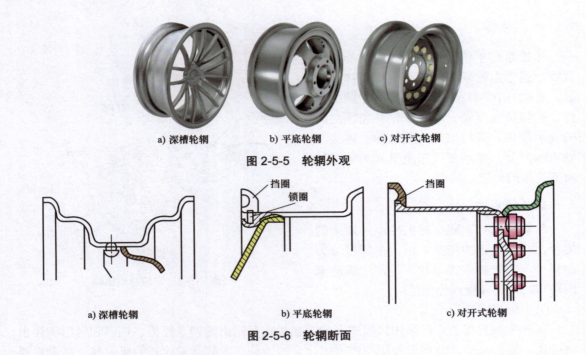

a) 深槽轮辋　　b) 平底轮辋　　c) 对开式轮辋

图 2-5-5　轮辋外观

a) 深槽轮辋　　b) 平底轮辋　　c) 对开式轮辋

图 2-5-6　轮辋断面

3. 气门嘴

气门嘴用橡胶垫圈和螺母固定在轮辋上，结构与轮胎是分离的，如图 2-5-7。气门嘴是用于轮胎充放气并保证胎压稳定的单向阀门。

气门嘴主要由气门嘴体（基座）、密封垫片、衬垫、紧固螺帽、气门芯、气门嘴帽组成。目前汽车上采用最多的是橡胶气门嘴，如图 2-5-8 所示。由于橡胶气门嘴的装配方式为卡扣式的，基座设有卡槽与轮辋固定，在更换时需要用刀片对基座进行切割，而切割后的气门嘴无法继续使用，因此橡胶气门嘴是一次性用品。在安装新气门嘴前，还要在基座涂抹润滑脂，避免在安装时橡胶发涩，对气门嘴造成损伤。

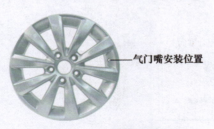

图 2-5-7　气门嘴安装位置

图 2-5-8　橡胶气门嘴

二、轮胎

1. 轮胎的作用

轮胎安装在轮辋上，直接与路面接触，它的作用是：

1）保证乘坐舒适性和行驶平顺性：和汽车悬架共同来缓和汽车行驶中所受到的冲击，

并衰减由此而产生的振动,以保证汽车有良好的乘坐舒适性和行驶平顺性。

2)保证附着性:车轮和路面有良好的附着性,以提高汽车的牵引性、制动性和通过性。

3)提供支承力和反作用力:支承汽车的质量、承受路面的其他反作用力。

2. 轮胎的类型

按照胎体结构不同,汽车轮胎可分为充气轮胎和实心轮胎,如图 2-5-9 所示。

实心轮胎是与充气轮胎(空心轮胎)对应的一种轮胎,其胎体是实心的,不用帘线做骨架,不必充气,故不需内胎或气密层。实心轮胎目前仅用于低速行驶的高负荷车辆或机械,也用于固定位置的机械。现代汽车绝大多数均采用充气轮胎,由于不同的分类标准,充气轮胎又可分为不同的类型。

(1)充气轮胎按组成结构分类

按组成结构不同,分为有内胎轮胎和无内胎轮胎,如图 2-5-10 所示。

有内胎轮胎具有良好的承重性,可以减少汽车行驶过程中的冲击力,但其安全性较低,易磨损。相比有内胎轮胎,无内胎轮胎安全性高、节油环保,得到了广泛的应用。

a) 充气轮胎　　　　　b) 实心轮胎　　　　　a) 有内胎轮胎　　　　　b) 无内胎轮胎

图 2-5-9　按胎体结构不同分类　　　　图 2-5-10　按组成结构分类

(2)充气轮胎按胎体帘线排列方式分类

按胎体帘线排列方式不同,分为普通斜交轮胎、子午线轮胎,如图 2-5-11 所示。

(3)充气轮胎按胎内工作压力分类

按胎内工作压力的大小分为高压胎、低压胎和超低压胎,如图 2-5-12 所示。

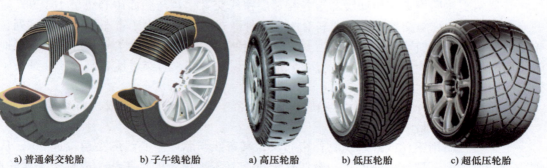

a) 普通斜交轮胎　　　b) 子午线轮胎　　　a) 高压轮胎　　　b) 低压轮胎　　　c) 超低压轮胎

图 2-5-11　按胎体帘线排列方式分类　　　　图 2-5-12　按胎压分类

过去，一般气压在 0.5~0.8MPa 为高压胎，0.15~0.45MPa 为低压胎，0.15MPa 以下为超低压胎。但由于制造轮胎所用原材料的不断发展，轮胎负荷能力大幅度提高，相应的气压也提高了，而轮胎的缓冲性能仍在某种程度上保持了原来同规格"低压胎"的性能。因此，按过去的标准已属于高压胎的轮胎，现在国内外还都将其归为"低压胎"这一类。

目前，轿车、货车几乎全都采用低压胎，因为低压胎弹性好、断面宽，与道路接触面积大，壁薄而散热性良好。这些特点提高了汽车行驶平顺性、转向操纵的稳定性，此外轮胎本身的寿命也得以延长。

（4）充气轮胎按胎面花纹分类

按胎面花纹不同分为普通花纹轮胎、越野花纹轮胎、混合花纹轮胎，如图 2-5-13 所示。

胎面花纹的不同对轮胎的性能影响较大，普通花纹轮胎的花纹细而浅，花纹块接地面积大，因而耐磨性和附着性较好。越野花纹轮胎的凹部深而宽，花纹呈块状规则排列，花纹块较大，沟纹深，因而能提高轮胎的抓地性能和驱动力。混合花纹轮胎介于普通花纹与越野花纹之间，兼顾了两者的使用要求，其特点是胎面中部具有方向各异或以纵向为主的窄花纹沟槽，两侧具有方向各异或以横向为主的宽花纹沟槽，这样的花纹搭配使混合花纹轮胎的综合性能好，适应能力强。

a) 普通花纹轮胎　　b) 越野花纹轮胎　　c) 混合花纹轮胎

图 2-5-13　按胎面花纹分类

3. 轮胎结构和特点

目前应用比较广泛的是普通斜交轮胎、子午线轮胎和无内胎轮胎，本任务只介绍这三种轮胎的结构及特点。

（1）普通斜交轮胎

普通斜交轮胎指帘布层和缓冲层各相邻层帘线交叉，且与胎面中心线呈小于 90°排列的充气轮胎，常称斜交轮胎。普通斜交胎是一种老式的结构，由于帘布层的斜交排列，给轮胎胎面和胎侧增加了强度，在适当充气时，会使驾驶人感到较为柔软、舒适。接触地面时使胎面平整，减少了扭曲，汽车行驶平稳，牵引效果好，防穿透性有所改善，延长了轮胎的使用寿命。

普通斜交轮胎由胎冠、胎侧、胎肩、胎圈、帘布层、带束层等组成，如图 2-5-14 所示。

（2）子午线轮胎

子午线轮胎用钢丝或纤维织物作帘布层，其帘线与胎面中心线的夹角接近 90°，从一侧胎边穿过胎面，到另一侧胎边。帘线这样分布就像地球上的子午线，故称子午线轮胎。由于子午线轮胎的帘线呈这样的环形排列，帘线的强度得到充分利用，故子午线轮胎帘布层数比斜交轮胎约可减少 40%~50%。子午线轮胎胎壁比斜交轮胎软，在径向上容易变形，可以增加轮胎的接地面积。子午线轮胎即使在充足气后，两侧壁上也有一个特殊的凸起部，与斜交胎比，好像是充气不足。

子午线轮胎由胎冠、胎侧、胎肩、胎圈、帘布层、带束层等组成，如图 2-5-15 所示。

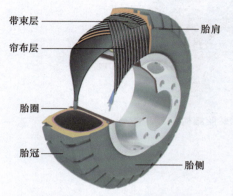

图 2-5-14　普通斜交轮胎结构

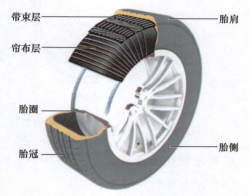

图 2-5-15　子午线轮胎结构

与斜交轮胎相比，子午线轮胎具有以下特点：

1）行驶里程长。子午线轮胎胎面刚性大，轴向变形小，在路面上的滑移小；轮胎接地面积大，单位压力小，而且分布均匀，胎面耐磨性比斜交轮胎增加了 50% 以上。

2）滚动阻力小，节约燃料。由于子午线轮胎胎帘布层数减少，层间摩擦力小，其滚动阻力较斜交胎小 25%~30%，不但可提高汽车的动力性，还可提高燃料经济性。

3）承载能力大。子午线轮胎胎帘线与轮胎变形方向一致，可充分利用帘线强度，比斜交轮胎承载能力约高 14%。

4）附着性能好。由于胎体弹性好，接地面积大，胎面滑移少，即附着性能好，提高了汽车的牵引性能。

5）胎面耐穿刺，不易爆破。子午线轮胎由于有多层环形束带，胎面刚性大，减小胎面胶的伸张变形，接地面积又大，单位压力小，因而提高了胎面耐穿刺性能。

6）胎温低，散热快。由于子午线轮胎帘布层数少，且帘布层之间不产生剪切作用，故比斜交轮胎胎温低，散热快，有利于提高车速。

（3）无内胎轮胎

无内胎轮胎由自粘层、橡胶密封层、轮辋等组成，如图 2-5-16 所示。

无内胎轮胎在轿车上广泛采用，并开始在部分载货汽车上使用。它没有内胎，空气直接压入外胎中，因此要求外胎和轮辋之间有很好的密封性。为此，在胎圈上做出若干道同心的环形槽纹，在轮胎内压的作用下，槽纹能使胎圈可靠地紧贴在轮辋边缘上，以保证轮胎与轮辋之间的密封性。由于没有内胎以及内胎与轮辋之间的垫带，消除了内外胎之间的摩擦，并使热量从轮辋直接散出，故无内胎轮胎行驶时的温度，较普通轮胎约低 20%~25%，以利于提高车速，且寿命比普通轮胎约长 20%，并有结构简单、质量小的特点。此外，轮胎内壁上附加了一层厚约 2~3mm 的自粘层，当轮胎被刺穿后，自粘层的橡胶处于压缩状态而紧箍刺物，使得轮胎不漏气或漏气很慢，因此，这种轮胎的突出优点是安全。但其制造材料和工艺要求较高，特别是大尺寸轮胎尤为困难，途中维修也有困难。

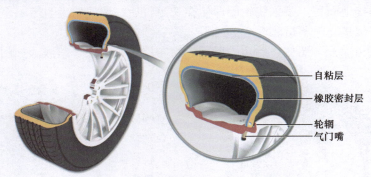

图 2-5-16　无内胎轮胎结构

4. 轮胎规格的表示方法

（1）轿车轮胎规格表示方法

充气轮胎的尺寸规格可用外胎直径 D、轮辋直径 d、断面宽 S 和断面高 H 的名义尺寸代号表示，如图 2-5-17 所示。目前，充气轮胎一般习惯用英制表示，但欧洲国家则常用公制，个别国家也有用字母做代号来表示轮胎规格尺寸。我国充气轮胎规格表示方法轮胎名义断面宽度有公制和英制两种表示法，而轮辋名义直径也采用的是英制表示法，如图 2-5-18 所示。

$$轮胎高宽比 = \frac{轮胎断面高度 H}{轮胎断面宽度 S} \times 100\%$$

图 2-5-17　轮胎尺寸规格标记方法

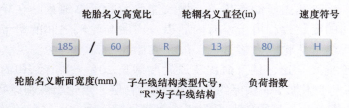

图 2-5-18　轿车轮胎规格表示方法

（2）载重汽车轮胎规格表示方法

1）轻型载重汽车普通断面斜交轮胎规格表示方法如图 2-5-19 所示。

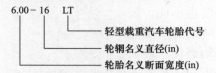

图 2-5-19　轻型载重汽车斜交轮胎规格表示方法

2）轻型载重汽车普通断面子午线轮胎规格表示方法如图 2-5-20 所示。

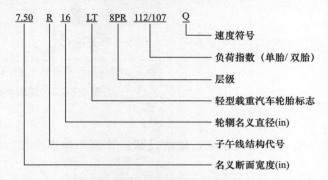

图 2-5-20　轻型载重汽车子午线轮胎规格表示方法

3）重型载重汽车普通断面斜交轮胎规格表示方法如图 2-5-21 所示。

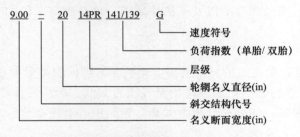

图 2-5-21　重型载重汽车斜交轮胎规格表示方法

4）重型载重汽车普通断面子午线轮胎规格表示方法如图 2-5-22 所示。

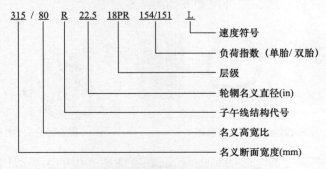

图 2-5-22　重型载重汽车子午线轮胎规格表示方法

5. 轮胎换位

由于施加到前部和后部轮胎的载荷不同，致使前后轮胎的磨损程度也不同。因此，使用一段时间后，轮胎应按照一定规则进行换位以使他们能均匀地磨损。转向轮胎一定不能在右边和左边更换，尺寸不同的轮胎不能前后互换。轮胎换位是根据车型和地区而变化的，应参见用户使用手册，轮胎换位如图2-5-23所示。

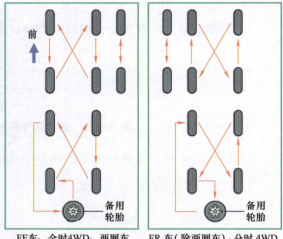

图 2-5-23 轮胎换位的方法

三、车轮和轮胎的常见故障和检测方法

1. 常见故障

（1）车轮

车轮的常见故障主要有：轮毂轴承过松或过紧，轮辋和轮辐损坏、腐蚀和变形，平衡块脱落等。

轮毂轴承过松，会造成车轮摆振及行驶不稳，严重时还能使车轮甩出。某侧轮毂过紧，会造成汽车行驶跑偏；全部轮毂轴承过紧，会使汽车滑行距离明显下降，且汽车行驶一段时间后，轮毂处温度会明显上升，有时甚至使润滑脂熔化而容易甩入制动鼓内。

轮辋和轮辐损坏、腐蚀和变形以及平衡块脱落，均会破坏车轮的平衡，使得汽车行驶中产生振动。

（2）轮胎

轮胎的常见故障是轮胎花纹的异常磨损。轮胎异常磨损的类型主要有以下几种：

1）胎肩或轮胎中心的磨损：如果轮胎充气压力太低，胎肩要比轮胎中心磨损得更快，超载也会产生同样的影响；如果充气压力太高，轮胎中心磨损要比胎肩更快。胎肩或轮胎中心的磨损情况如图2-5-24所示。

2）内侧或外侧磨损：转弯磨损是由于高速时转弯引起的。悬架部件的变形或间隙过大会影响前轮定位，导致轮胎异常磨损。如果轮胎面的一侧磨损比另一侧要快，主要原因大多是车轮外倾角不正确。内侧或外侧磨损如图2-5-25所示。

图 2-5-24 胎肩或轮胎中心的磨损　　　图 2-5-25 内侧或外侧磨损

3）前束或后束磨损（羽毛状磨损）：胎面花纹薄边磨损的主要原因是前束调整不良。过多的前轮前束迫使轮胎向外滑动，并且向内摩擦与路面接触的胎面，从而产生前轮前束

磨损，其表面呈现独一无二的状如羽毛的形状，如图 2-5-26a 所示。另一方面，过度的车轮后束也会产生后束磨损，如图 2-5-26b 所示。

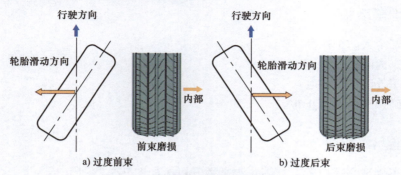

图 2-5-26　前束或后束磨损

4）斑状磨损（环状槽形磨损）：如果车轮轴承、球头节、转向横拉杆端等间隙过大，轮胎将会在高速运转时特有部位摇摆，施加引起滑动的强摩擦，两者均导致斑状磨损。制动鼓的变形或不规则磨损，致使在规则间隔时间实施制动，从而导致轮胎圆周方向相对宽的面积范围内发生斑状磨损，如图 2-5-27 所示。

图 2-5-27　斑状磨损

2. 检测方法

1）轮毂轴承过松：将车轮支起，用手横向摇晃车轮检测车轮轴承是否松旷。
2）轮毂轴承过紧：将车轮支起，转动车轮时明显感到费力沉重，说明轴承过紧。
3）轮辋和轮辐损坏、腐蚀和变形及平衡块脱落均可直接观察到损伤情况。
4）轮胎异常磨损：观察轮胎磨损情况，根据轮胎异常磨损的类型判断故障部件，进行调整或更换。

实训演练

车轮检测

请扫描二维码，查看"车轮检测"技能视频，结合视频内容及相关资料，规范地完成车轮检测的实训。

一、实训工具与装备

1）工具：
① 测量工具：游标卡尺、轮胎压力表、百分表。
② 常用工具：世达 100 件工具套装。
③ 专用工具：指针式扭力扳手、定扭式扭力扳手。
2）设备：2018 款比亚迪 e5、举升机、工具车、轮胎动平衡检测仪。

3）防护用品：手套、安全鞋。

二、实训前准备

1）穿戴好个人防护用品。
2）铺设车内防护三件套。
3）铺设车外防护三件套。
4）检查确认车辆状态正常。

三、轮胎基本检查

1）举升车辆至合适位置，并锁止汽车举升机，如图 2-5-28 所示。
2）使用一字螺钉旋具清理轮胎花纹中的杂物，如图 2-5-29 所示。

图 2-5-28　举升车辆

图 2-5-29　清理杂物

3）检查轮胎是否有扎钉、裂纹、损伤、鼓包和异常磨损等情况。
4）检查轮辋是否有变形、腐蚀和损伤等情况。
5）使用轮胎花纹深度尺测量轮胎花纹深度，标准轮胎花纹深度应大于 1.6mm。若测量值与标准值不符，则需更换轮胎，如图 2-5-30 所示。
6）旋下轮胎气嘴防尘帽，如图 2-5-31 所示。

图 2-5-30　测量花纹深度

图 2-5-31　旋下气嘴防尘帽

7）使用泡沫水涂抹至轮胎气嘴上，检查轮胎气嘴是否有漏气现象，如图 2-5-32 所示。
8）取出轮胎压力表，并连接压缩气体。
9）将轮胎压力表连接至轮胎气嘴上，检查轮胎气压是否在正常范围之内，并补充轮胎气压至正常范围，如图 2-5-33 所示。

图 2-5-32　涂抹泡沫水

图 2-5-33　检查胎压

> **注意事项**：标准的轮胎胎压可以通过驾驶人侧门框上的铭牌获取。

10）将轮胎气嘴防尘帽旋至气嘴上。

四、车轮横向跳动量检测

1）用手抓住车轮，分别进行上下和左右晃动，检查车轮是否松旷。
2）旋转车轮，检查车轮是否转动灵活，转动过程中是否有异响。
3）组装磁性表座和百分表，并检查是否正常可用，如图 2-5-34 所示。
4）将工具车推至车轮下方，并将磁性表座固定至工具车上，如图 2-5-35 所示。

图 2-5-34　组装磁性表座和百分表

图 2-5-35　固定磁性表座

5）将百分表测量轴靠近轮辋内端，并使其有 2mm 以上的压缩量，如图 2-5-36 所示。
6）旋转车轮，检查车轮横向跳动量，标准值应小于 2mm，如图 2-5-37 所示。

图 2-5-36　百分表测量轴靠近轮辋内端

图 2-5-37　旋转车轮

五、车轮径向跳动量检测

1）将磁性表座固定至工具车上。

2）将百分表测量轴靠近轮辋外端，并使其有2mm以上的压缩量，如图2-5-38所示。

3）旋转车轮，检查车轮径向跳动量，标准值应小于1.5mm。

4）将工具车推离车辆底部，并取下磁力表座。

5）降下车辆。

图 2-5-38　百分表测量轴靠近轮辋外端

六、车轮轮胎动平衡检测

1. 车轮拆卸

1）使用轮胎装饰盖拆卸夹拆卸车轮固定螺栓5个装饰盖，如图2-5-39所示。

2）使用21mm套筒、接杆、指针式扭力扳手组合工具按对角顺序预松轮胎5个固定螺母，如图2-5-40所示。

图 2-5-39　拆卸固定螺栓装饰盖

图 2-5-40　预松固定螺母

3）举升车辆至合适位置，并锁止汽车举升机，如图2-5-41所示。

4）使用21mm套筒、接杆、棘轮扳手组合工具拆卸轮胎固定螺母，如图2-5-42所示。

图 2-5-41　举升车辆

图 2-5-42　拆卸轮胎固定螺母

🔔 **注意事项**：取下轮胎固定螺栓时，需用手固定轮胎，以免发生车轮坠落的情况。

5）取下轮胎，并妥善放置。

2. 车轮轮胎动平衡检测

1）用手取下半轴固定螺母保护盖，如图 2-5-43 所示。

2）选用合适的动平衡仪锥体装入动平衡仪上，如图 2-5-44 所示。

图 2-5-43　取下保护盖

图 2-5-44　安装锥体

3）将车轮装入动平衡仪上，在车轮另一侧安装合适的动平衡仪锥体，如图 2-5-45 所示。

4）使用快速螺母固定车轮，如图 2-5-46 所示。

图 2-5-45　装入车轮

图 2-5-46　固定车轮

🔔 **注意事项**：车轮一定要固定牢靠，以免轮胎在旋转过程中发生意外。

5）打开动平衡仪电源，如图 2-5-47 所示。

6）查看轮胎胎侧轮辋直径，并输入至动平衡仪上，如图 2-5-48 所示。

图 2-5-47　打开电源

图 2-5-48　查看直径

7）使用轮辋宽度测量尺测量轮胎轮辋宽度，并输入至动平衡仪上，如图 2-5-49 所示。
8）拉出测量尺测量轮胎边距，并输入至动平衡仪上，如图 2-5-50 所示。
9）确认安全后按下开始按钮，让车轮在动平衡仪上转动，如图 2-5-51 所示。

图 2-5-49　测量轮辋宽度

图 2-5-50　测量轮胎边距

图 2-5-51　车轮转动

10）当车轮停止旋转后，检查车轮左右两侧动不平衡量数据。

注意事项：若测试结束后仍存在不平衡，需取出轮辋上的平衡块重新检测，直至车轮动平衡量接近 0。

11）关闭动平衡仪电源。
12）旋下动平衡仪快速螺母，取出动平衡仪锥体。
13）取下车轮。
14）安装半轴螺母保护盖。
15）取出动平衡仪另一侧锥体。

3. 车轮安装

1）将车轮装入轮毂上，并用手旋入车轮固定螺栓。
2）使用 21mm 套筒、接杆、棘轮扳手组合工具安装车轮固定螺母。
3）将车辆降至轮胎着地。
4）使用 21mm 套筒、接杆、定扭式扭力扳手组合工具按对角顺序紧固车轮固定螺母至规定力矩。
5）安装 5 个轮胎固定螺栓装饰盖。

七、整理清洁

按照 7S 管理标准，整理工具和场地。

任务练习

一、选择题

1. 对于一辆汽车而言，实现其性能的关键配置是（　　）。
   A. 转向节　　　　　　　B. 轮胎　　　　　　C. 前梁　　　　　　D. 车架
2. 车轮是介于轮胎和车轴之间承受负荷的（　　）。
   A. 传动组件　　　　　　B. 旋转组件　　　　C. 动力元件　　　　D. 弹力元件
3. 充气轮胎按胎体帘线排列方式可分为（　　）。
   A. 有内胎轮胎和无内胎轮胎　　　　　　B. 高压轮胎和低压轮胎
   C. 子午线轮胎和普通斜交轮胎　　　　　D. 普通花纹轮胎和混合花纹轮胎
4. （　　）是汽车轮胎中央磨损的原因。
   A. 轮胎气压过高　　　　　　　　　　　B. 轮胎气压过低
   C. 车轮转向角不正确　　　　　　　　　D. 车轮前束不正确

二、判断题

1. 车轮和轮胎统称为车轮总成，主要由轮辋、轮胎、车轮螺栓、车轮饰板和气门嘴等组成。（　　）
2. 轮辋是保护车辆车轮的轮圈、辐条的装置。（　　）
3. 对于轿车而言，为了减轻其车轮质量，辐板选用较厚的材料，且将辐板冲压成起伏形状，以提高刚度。（　　）
4. 轮胎安装在轮辋上，直接与路面接触。（　　）
5. 按照胎体结构不同，汽车轮胎可分为充气轮胎和实心轮胎。（　　）

三、简答题

简述车轮的内部结构及其作用。

项目三 新能源汽车制动系统检测维修

从汽车诞生起,车辆制动系统在驾驶安全方面就扮演着至关重要的角色。随着车辆技术的进步和汽车行驶速度的提高,这种重要性越来越凸显。

最原始的制动控制只是驾驶人操纵一组简单的机械装置向制动器施加作用力,当时的车辆质量较小、速度较低,机械制动足以满足车辆制动的需要。但随着汽车自重与车速的增加,迫切需要助力装置增强制动效果。在此背景下,液压制动应运而生。到20世纪80年代后期,随着电子技术的发展,防抱死制动系统ABS研发出来并得到广泛推广。它集微电子技术、精密加工技术、液压控制技术为一体,是机电一体化的高技术产品。它的使用大大提高了汽车的主动安全性和操纵性。

当考虑基本的制动功能时,液压制动系统仍然是最可靠、最经济的方法。传统的制动控制系统只做一件事,即均匀分配油液压力。而ABS或其他制动干预系统则按照每个制动器的需要对油液压力进行调节。

经过了100多年的发展,汽车制动系统的形式已经基本固定下来并正朝着电子制动控制方向发展。

特别说明:新能源乘用车基本都采用盘式制动,为了拓展学生知识面,本书采用一种传统车型介绍另外一种重要的汽车制动系统结构——鼓式制动。

任务一 制动系统概述

使行驶中的汽车减速甚至停车，使下坡行驶的汽车速度保持稳定，以及使已停驶的汽车保持不动，这些作用统称为汽车制动。为实现汽车制动，在汽车上必须装设一些专门的装置，以便驾驶人能根据道路和交通情况，迫使路面在汽车车轮上施加一定的与汽车行驶方向相反的外力，并对汽车进行一定程度的强制制动，使汽车按照驾驶人的意图减速甚至停车。这种可控制的对汽车进行制动的外力即制动力，用于产生制动力的专门装置称为制动系统。

学习目标

1）能准确描述制动系统的功用。
2）能正确列举制动系统的类型及各类型的主要组成部件。
3）能描述行车制动系统的功用和组成。
4）能描述驻车制动系统的功用和组成。

知识储备

一、制动系统基础知识

1. 制动系统功用

汽车制动系统不仅能够保证行驶中的汽车按照驾驶人的要求强制减速甚至停车（图3-1-1），使已停驶的汽车在各种道路条件下（包括在坡道上）稳定驻车，车辆可靠停放，还能使下坡行驶的汽车速度保持稳定，保障汽车和驾乘人员的安全。

a) 减速

图 3-1-1 制动系统功用

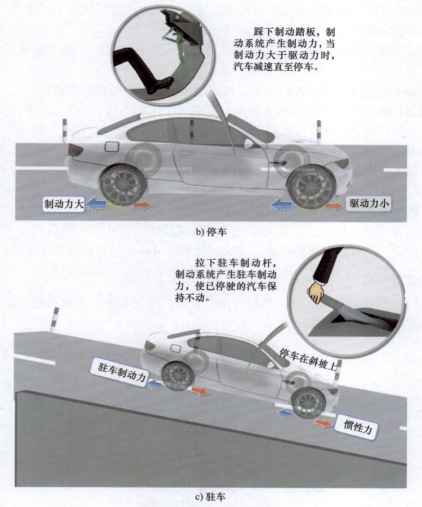

图 3-1-1 制动系统功用（续）

2. 制动系统类型

（1）按功能分

按照功能的不同，汽车制动系统可分为行车制动系统、驻车制动系统、应急（第二）制动系统和缓速制动系统。

行车制动系统是允许驾驶人直接或间接采用逐级方式控制正常行驶中的车辆的速度或使车辆停驶的制动系统。

驻车制动系统是通过机械方式使车辆（甚至是在倾斜路面，特别是无驾驶人的情况下）保持静止状态的制动系统。

应急（第二）制动系统是允许驾驶人在行车制动系统失效的情况下，直接或间接采用逐级方式控制车辆速度或使车辆停驶的制动系统。

缓速制动系统——在几乎不使用摩擦式制动器情况下，驾驶人能够使车辆减速或使车辆以几乎恒定的速度长时间行驶的所有车辆装置的总称，可能包括多个缓速器。

（2）按供能方式分

按照制动能源的不同，汽车制动系统又可分为人力制动系统、助力制动系统、非人力制动系统。

人力制动系统是仅由驾驶人的体力提供制动力所需能量的制动系统。

助力制动系统是由驾驶人的体力借助一个或多个供能系统提供制动力所需能量的制动系统，如真空助力制动系统（带真空助力器）、动力液压助力制动系统（带液压助力器）。

非人力制动系统（全动力制动系统）是由一个或多个供能装置（不包括驾驶人的体力）提供制动力所需能量的制动系统，如气压制动系统、动力液压制动系统、气顶液制动系统。

（3）按传能方式分

按照制动能量的传输方式，制动系统可分为机械式、液压式、气压式、气顶液式、电动式和电控式等。同时采用两种传输方式的制动系统可称为组合式制动系统。

3. 制动系统组成

不管是哪种形式的制动系统，都包含供能装置、控制装置、传输装置和制动器四个基本组成部分，如图3-1-2所示。

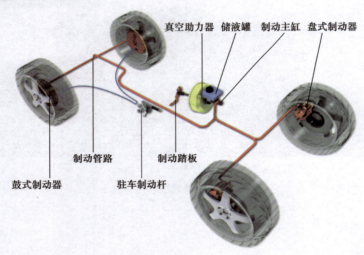

图3-1-2　液压制动系统组成

（1）供能装置

供能装置包括制动系统中供给、调节制动所需能量（必要时改善传能介质状态）的部件。其中产生制动能量的部分称为制动能源。人的肌体也可作为制动能源。

（2）控制装置

控制装置包括制动系统中发起制动操作和控制其输出的部件，如制动踏板等。

（3）传输装置

传输装置将驾驶人或其他动力源的作用力传到制动器，同时控制制动器的工作，从而获得所需的制动力矩，包括将制动能量传输到制动器的各个部件，如制动主缸、制动轮缸等。

（4）制动器

制动器是指制动系统中产生阻止车辆运动或运动趋势的力的部件，也包括缓速制动系统中的缓速装置。其中供能装置、控制装置、传输装置统称为制动驱动机构。因此，制动系统是由制动器和制动驱动机构组成的。

较为完善的制动系统还包括制动力调节装置、报警装置以及压力保护装置等。

为了提高汽车的制动效能，减轻驾驶人的劳动强度，采用液压制动传动机构的汽车多数装有制动助力装置。这种兼用人力和动力作为制动能源的制动系统称为伺服制动系统。正常情况下，制动能量大部分由动力伺服系统供给。当动力伺服系统失效时，制动力由驾驶人供给。

二、行车制动系统

行车制动系统可以实现行驶中的汽车减速和停驶的目的。早期汽车的制动系统采用的是液压式制动系统，但是汽车高速化后，要求制动液压力升高，液压制动系统难以实现，所以后期在普通液压制动系统中加装了真空助力装置，可以减小驾驶人施加于制动踏板上的力，增加车轮的制动力，达到操纵轻便、制动可靠的目的，也就形成了伺服制动系统。

行车制动系统主要包括制动踏板、储液罐、制动主缸、制动轮缸、制动器、真空管路、真空助力器、制动液等组成。制动踏板是制动系统中的控制装置；储液罐是制动系统储能装置；制动主缸和制动轮缸是将制动能量传输到制动器的传动装置；制动器是制动执行装置；真空管路是输送真空能（负气压能）的通道；真空助力器是制动系统的功能装置。

三、驻车制动系统

驻车制动系统的作用就是在停车时，给汽车一个阻力，使已经停驶的汽车驻留在原地不动。驻车制动系统按照操纵方式的不同，分为机械式驻车制动系统和电子式驻车制动系统。机械式驻车制动系统是用手或者脚等人的肌体直接操纵的驻车机构，电子式驻车制动系统是利用电子控制方式实现驻车操纵的系统。

机械式驻车制动系统主要由控制装置、传动装置和制动器组成；电子式驻车制动系统主要由电子按钮、电动机和电子控制单元等组成。

任务练习

一、选择题

1. 汽车制动系统不仅能够保证行驶中的汽车按照驾驶人的要求（　　）甚至停车。

　　A. 转向　　　　　　B. 强制减速　　　　C. 加速　　　　D. 起动

2. 按照（　　）的不同，汽车制动系统可分为行车制动系统、驻车制动系统、应急（第二）制动系统和缓速制动系统。

　　A. 功能　　　　　　B. 结构　　　　　　C. 形式　　　　D. 外观

3. 下列关于制动系统的表述，错误的是（　　）。
   A. 行车制动系统是使已停驶的汽车驻留原地不动的一套装置
   B. 行车制动系统是使行驶中的汽车减速甚至停车的一套专门装置
   C. 应急（第二）制动系统是在行车制动系统失效的情况下保证汽车仍能实现减速或停车的一套装置
   D. 缓速制动系统是在汽车下长坡时用以稳定车速的装置
4. 为了提高汽车的制动效能，减轻驾驶人的劳动强度，采用液压制动传动机构的汽车多数装有（　　）。
   A. 制动助力装置　　　B. 制动减速装置　　　C. 制动报警装置　　　D. 制动保护装置

二、判断题

1. 应急（第二）制动系统是在汽车下长坡时用以稳定车速的装置。（　　）
2. 同时采用四种传输方式的制动系统可称为组合式制动系统。（　　）
3. 早期汽车的制动系统采用的是液压式制动系统，但是汽车高速化后，要求制动液压力升高，液压制动系统难以实现，所以后期应用较多的为制动系统是在普通液压制动系统中，加装了真空助力装置。（　　）
4. 汽车制动系统不能够保证行驶中的汽车按照驾驶人的要求强制减速甚至停车。（　　）
5. 行车制动系统是使行驶中的汽车减速甚至停车的一套专门装置。（　　）

三、简答题

简述伺服制动系统的形成原因。

任务二　鼓式制动器检测维修

一辆配置前碟后鼓制动系统的汽车，已经行驶 10 万 km，最近出现了坡道溜车的现象。维修技师根据工作经验，初步判定该故障是由后轮鼓式制动器出现问题导致的。请你根据所学知识对鼓式制动器进行检测维修。

学习目标

1）能准确说出鼓式制动器的组成及类型。
2）能准确说出轮缸式制动器的类型及各自的特点。
3）能准确说出制动器间隙的调整方法。
4）能准确说出凸轮式制动器和楔式制动器的结构特点。
5）掌握鼓式制动器的拆装量测检修，并规范地完成实训操作。

项目三 新能源汽车制动系统检测维修

> 知识储备

制动器是制动系统中用以产生阻碍车辆运动或运动趋势的力的部件。目前各类汽车所用的制动器大多为鼓式制动器和盘式制动器。

鼓式制动器的旋转零件是制动鼓，固定零件是制动蹄。制动时，制动蹄在促动装置作用下向外移动，将外表面的摩擦片压靠到制动鼓的内圆表面上，对制动鼓产生制动摩擦力矩。

一、鼓式制动器概述

1. 组成

鼓式制动器主要由制动鼓、摩擦片、制动轮缸、制动蹄、回位弹簧和制动底板组成，如图 3-2-1 所示。

（1）制动鼓

制动鼓是鼓式制动器中的旋转零件，其工作表面为圆柱面，基本形状呈鼓型，在安装面有连接孔。作为鼓式制动器中的摩擦件，制动鼓除应具有作为构件所需要的强度和刚度外，还应具有尽可能大而稳定的摩擦系数，以及适当的耐磨性、耐热性、散热性和热容量。

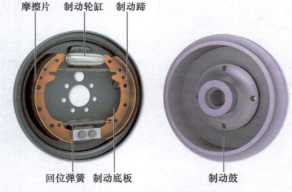

图 3-2-1 鼓式制动器结构

（2）摩擦片

摩擦片也称为制动片。在汽车的制动系统中，摩擦片是最关键的安全零件，它对制动效果的好坏，起着决定性作用。制动时，摩擦片被挤压在制动盘或制动鼓上产生摩擦，从而达到车辆减速制动的目的。

（3）制动轮缸

制动轮缸的作用是将制动主缸输入的液压能转变为机械能，以使制动器进入工作状态。

（4）制动蹄

制动蹄是指受到制动轮缸或制动凸轮的作用力而被推向外部后展开，压制制动鼓，从而起制动作用的零件，其形状如半月形。

制动蹄按其张开时的转动方向与制动鼓的旋转方向是否一致，有领蹄和从蹄之分。制动器制动时，制动蹄的张开方向与制动鼓的旋转方向相同的蹄称为领蹄。制动器制动时，制动蹄的张开方向与制动鼓的旋转方向相反的蹄称为从蹄，如图 3-2-2 所示。

图 3-2-2 制动蹄类型

2. 类型

鼓式制动器主要分为三类：轮缸式制动器、凸轮式制动器、楔式制动器，如图 3-2-3 所示。其中，轮缸式制动器使用制动蹄促动装置，凸轮式制动器使用凸轮促动装置，楔式制动器以楔作为促动装置。

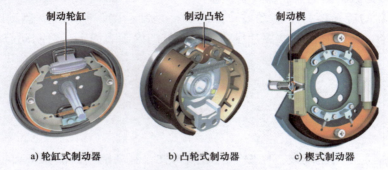

图 3-2-3　鼓式制动器类型

3. 工作原理

鼓式制动器工作原理如图 3-2-4 所示。制动时，制动蹄向外张开，连同摩擦片压向旋转的制动鼓产生摩擦，将旋转的动能转变成热能，并将热量散发到空气中，最终使汽车减速或停车。解除制动时，在回位弹簧拉力作用下制动蹄回位，摩擦消失。

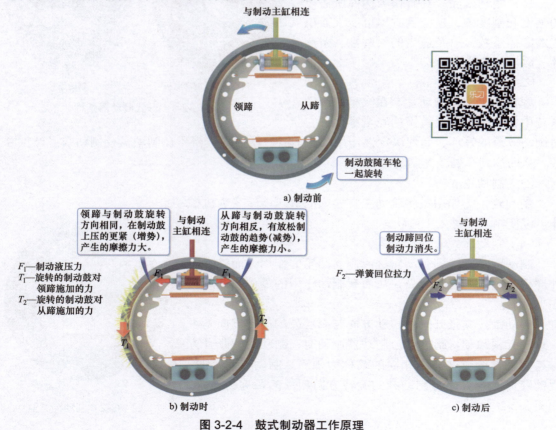

图 3-2-4　鼓式制动器工作原理

4. 特点

鼓式制动器造价便宜，而且符合传统设计。四轮乘用车在制动过程中，由于惯性的作用，前轮的负荷通常占汽车全部负荷的 70%~80%，前轮制动力要比后轮大，后轮起辅助制动作用，因此汽车生产厂家为了节省成本，就采用前盘后鼓的制动方式。

鼓式制动器制动效能、散热性以及制动力稳定性较差，在不同路面上制动力变化很大，不易于掌控。而由于散热性能差，在制动过程中会聚集大量的热，使制动块和轮鼓在高温下变形，造成制动衰退和振抖现象，引起制动效能下降。另外，鼓式制动器在使用一段时间后，要定期调校制动蹄的间隙，甚至要把整个制动鼓拆下，以清理累积在内的摩擦片粉。

二、轮缸式制动器

1. 领从蹄式制动器

领从蹄式制动器的两个制动蹄各有一个支点，一个蹄在轮缸促动力作用下张开时的旋转方向与制动鼓的旋转方向一致，称为领蹄，起"增势"作用；另一个蹄张开时的旋转方向与制动鼓的旋转方向相反，称为从蹄，起"减势"作用，其结构如图 3-2-5 所示。

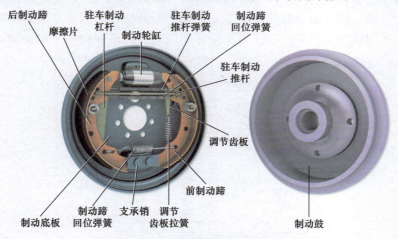

图 3-2-5　领从蹄式制动器结构

领从蹄式制动器在制动时，领蹄和从蹄在相等的促动力作用下，分别绕各自的支承点旋转到紧压在制动鼓上。两制动蹄对制动鼓所施加的制动力矩不相等，一般来说，领蹄制动力矩为从蹄制动力矩的 2~2.5 倍。倒车制动时，虽然领蹄、从蹄互换，但整个制动器的制动效能还与前进制动时一样。

2. 双领蹄式制动器

汽车前进时两个制动蹄均为领蹄的制动器称为双领蹄式制动器，两制动蹄各用一个单活塞式轮缸，且两套制动蹄、轮缸、支承销和调整凸轮等在制动底板上的布置是中心对称的，以代替领从蹄式制动器中的轴对称布置。两个轮缸可借连接油管连通，使其中的油压相等。在前进制动时，两蹄都是领蹄，制动器的效能得以提高。双领蹄式制动器结构如

图 3-2-6 所示。

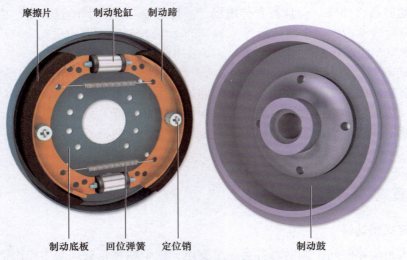

图 3-2-6　双领蹄式制动器

在倒车制动时，如果能使双领蹄式制动器的两个制动蹄的支承点和促力作用点互换位置，就可以得到与前进制动时相同的制动效能，因此出现了双向双领蹄式制动器。它的制动蹄两端均采用双向作用轮缸，使得车轮在正向和反向旋转时两个制动蹄均为领蹄，如图 3-2-7 所示。

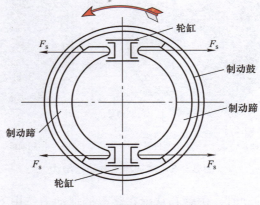

图 3-2-7　双向双领蹄式制动器

3. 双从蹄式制动器

汽车前进时两个制动蹄均为从蹄的制动器为双从蹄式制动器，如图 3-2-8 所示。其固定零件布置也是中心对称，两制动蹄作用在制动鼓上的法向反力大小相等、方向相反、相互平衡。

虽然双从蹄式制动器前进制动效能较低，但其效能对摩擦系数变化的敏感程度小，具有良好的制动效能稳定性。随着盘式制动器的发展和应用，现在的汽车上已不再使用双从蹄式制动器了。

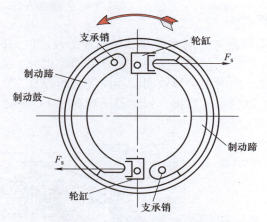

图 3-2-8 双向双从蹄式制动器

4. 增力式制动器

（1）单向自增力式制动器

单向自增力式制动器（图 3-2-9）的特点是两个制动蹄只有一个单活塞的制动轮缸，第二制动蹄的促动力来自第一制动蹄对顶杆的推力，两个制动蹄在汽车前进时均为领蹄。

倒车时，第一制动蹄上端压靠支承销不动，此时第一制动蹄仍然是领蹄，且促动力与前进制动时的促动力相等，但其力臂却大为减少。因而第一制动蹄的制动效能比一般领蹄低很多。第二制动蹄则因未受促动力而不起制动作用，此时整个制动器的制动效能甚至低于双从蹄式制动器。

（2）双向自增力式制动器

双向自增力式制动器（图 3-2-10）的特点是两个制动蹄的上方有一个双活塞制动轮缸，轮缸的上方还有一个制动蹄支承销，两制动蹄的下方用顶杆相连。制动鼓正向和反向旋转时均能借蹄鼓摩擦起自增力作用。制动鼓正向旋转时，前制动蹄为第一制动蹄，后制动蹄为第二制动蹄；制动鼓反向旋转时，则相反。

图 3-2-9 单向自增力式制动器

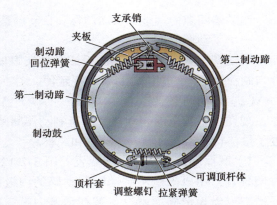

图 3-2-10 双向自增力式制动器

5. 制动器间隙的调整

制动器间隙是指在不制动时,制动鼓和制动蹄摩擦片之间的间隙。制动器间隙过小,不能保证完全解除制动,造成制动器的拖磨;制动器间隙过大,又将导致制动踏板行程太长,以致驾驶人操作不便,同时也会导致制动器反应时间过长,直接威胁到行车安全。制动器在使用过程中,随着摩擦片的磨损,制动器间隙会变大,要求制动器必须有检查和调整间隙的功能,如图 3-2-11 所示。

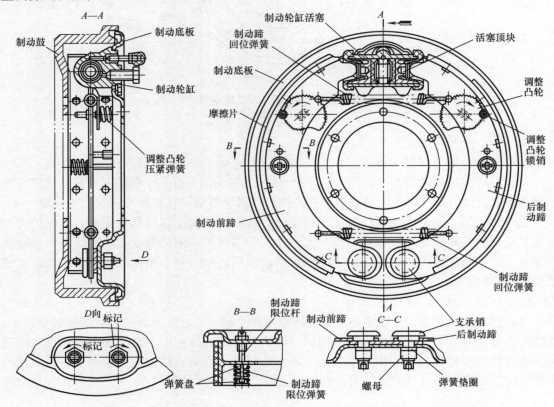

图 3-2-11　采用凸轮和偏心支承销作为间隙调整装置的制动器

制动器间隙的调整有手动调整和自动调整两种方法。

(1) 手动调整

手动调整式一般在制动底板或制动鼓腹板外侧开有一个检查孔,以便使用塞尺检查摩擦片与制动鼓之间的间隙是否符合规定值,若不符合则需对其进行调整。

(2) 自动调整

现在很多汽车的制动器都装有制动器间隙自动调整装置,他可以保证制动器间隙始终处于最佳状态,不必经人工检查和调整。

1) 摩擦限位式间隙自调装置:图 3-2-12 所示为一种安装在轮缸中的摩擦限位式间隙自调装置,用以限定不制动时制动蹄的内极限位置的限位摩擦环,装在轮缸活塞内端的环槽中或借矩形断面螺纹旋装在活塞内端。限位摩擦环是一个有切口的弹性金属环,压装入轮缸后与缸壁之间的摩擦力可达 400~550N。活塞上的环槽或螺旋槽的宽度大于限位摩擦环的厚度。间隙 Δ 应等于在制动器间隙为设定的标准值时施行完全制动所需的轮缸活塞行程。

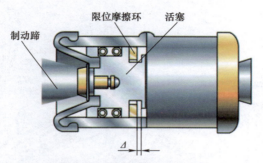

图 3-2-12　带限位摩擦环的轮缸

不制动时，制动蹄回位弹簧只能将制动蹄向内拉到轮缸活塞与摩擦环外端面接触为止，因为回位弹簧力远不足以克服摩擦环与缸壁间的摩擦力。此时间隙 Δ 存在于活塞与摩擦环内端面之间。

制动时，轮缸活塞外移。若制动器间隙正好等于设定值，则活塞移动到与摩擦环内端面接触，制动器间隙应消失，且蹄鼓已压紧到足以产生最大制动力矩的程度。若制动器间隙增大到超过设定值，活塞外移到 $\Delta = 0$ 时，仍不能实现完全制动。但只要轮缸液压达到 0.8~1.1MPa，即能将活塞连同限位摩擦环继续推出，直到实现完全制动。这样，在解除制动时，制动蹄只能回位到活塞与处于新位置的限位摩擦环接触为止，即制动器间隙恢复到设定值。

具有摩擦限位式间隙自动调整装置的制动器在装配时不需要调整间隙，安装在汽车上以后，经过一次完全制动，即可以自动调整间隙到设定值。因此，这种自动调整装置属于一次调准式。

2）楔块式间隙自调装置：图 3-2-13 所示为楔块式间隙自调装置。它的楔形调节块夹在与前制动蹄固定在一起的斜支承和驻车制动推杆之间形成的切槽中。制动推杆两端有缺口，其右端缺口的端面压在楔形调节块的齿形面上，楔形调节块的另一侧齿形面压在斜支承上。在制动推杆内弹簧的作用下，制动推杆紧紧压住楔形调节块和斜支承。制动推杆左端的头部有一凸耳，它与驻车制动杠杆的外侧面之间有设定间隙。制动推杆外弹簧使制动杠杆与制动推杆左端缺口的端面紧贴在一起。

当制动蹄磨损时，制动间隙超过设定值 Δ，施以制动时，两蹄在轮缸活塞推力的作用下，外弹簧首先被拉伸到一定程度后，内弹簧也被拉伸，使制动杠杆与制动推杆凸耳接触后外移。此时驻车制动推杆与前制动蹄斜支承间形成的切槽与楔形调节块间便产生了间隙，使楔形调节块被弹簧往下拉，直到调节块与切槽两侧面重新接触为止，从而补偿了制动器的过量间隙。

解除制动时，两制动蹄在回位弹簧的作用下复位，但不可能恢复到制动前的位置。因为借以补偿过量制动间隙的楔形调节块与切槽的相对位移是不可逆转的，这意味着制动杠杆外侧面与制动推杆头部凸耳之间的间隙恢复到设定值 Δ。这种制动器间隙自调装置也属一次调准式。

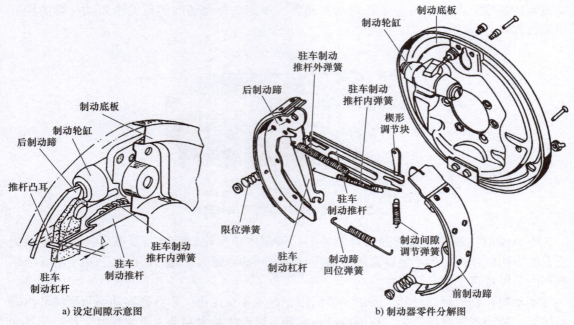

图 3-2-13 楔块式间隙自调装置

三、凸轮式制动器

凸轮式制动器是用凸轮取代制动轮缸，通常利用气压使凸轮转动，对两制动蹄起促动作用，其结构如图 3-2-14 所示。

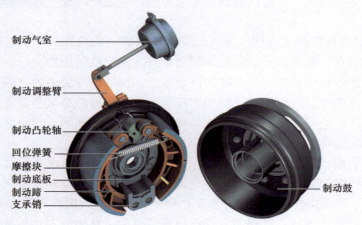

图 3-2-14 凸轮式制动器

凸轮制动器制动调整臂的内部为蜗轮蜗杆传动，蜗轮通过花键与凸轮轴相连。正常制动时，膜片向下移动，制动调整臂体带动蜗杆绕蜗轮轴线转动，蜗杆又带动蜗轮转动，从而使凸轮旋转，旋转的凸轮轴推动两制动蹄压靠制动鼓产生摩擦力，起制动作用，如图 3-2-15 所示。

解除制动时，制动蹄回位，摩擦力消失，凸轮轴、调整臂、膜片回位，如图 3-2-16 所示。

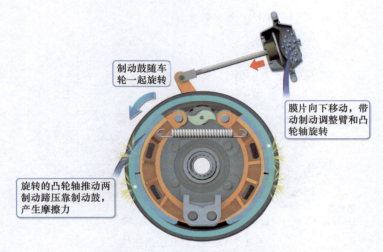

图 3-2-15　凸轮制动器制动过程

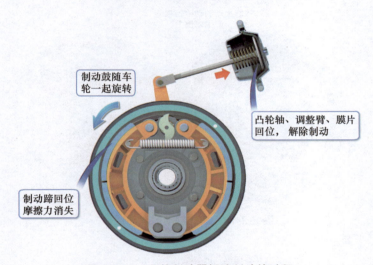

图 3-2-16　凸轮制动器解除制动的过程

制动调整臂除了具有传力作用外，还可以调整制动器的间隙。当需要调整制动器间隙时，制动调整臂体（也是蜗轮蜗杆传动的壳体）固定不动，转动蜗杆，蜗杆带动蜗轮旋转，从而改变了凸轮的原始角位置，达到了调整目的。

四、楔式制动器

楔式制动器的制动蹄依靠在柱塞上，柱塞内端面是斜面，与隔离架两边槽内的滚轮接触，其结构如图 3-2-17 所示。

制动时，轮缸活塞在液压作用下使制动楔向内移动，制动楔又使二滚轮一面沿柱塞斜面向内滚动，一面使二柱塞在制动底板的孔中向外移动一定距离，从而使制动蹄压靠到制动鼓上，如图 3-2-18 所示。轮缸液压一旦撤除，这一系列零件即在制动蹄回位弹簧的作用下各自回位，如图 3-2-19 所示。

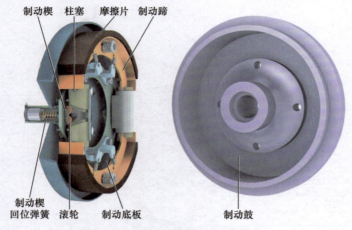

图 3-2-17　楔式制动器结构

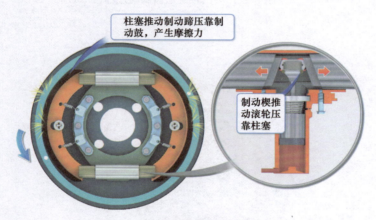

图 3-2-18　楔式制动器制动过程

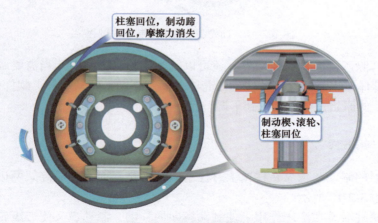

图 3-2-19　楔式制动器解除制动的过程

五、鼓式制动器的常见故障及检修方法

1. 故障类型

鼓式制动器的常见故障有制动鼓表面磨损、变形和裂纹;制动蹄的摩擦片磨损、龟裂;制动蹄支承孔的磨损等从而导致车辆制动失效、制动不良和制动拖滞的故障现象。

2. 检修方法

针对制动鼓的故障,检修时应先目视检查制动鼓表面是否存在磨损、变形和裂纹,若有,则需进行更换。测量制动鼓的内径,制动鼓内圆柱面的圆度误差不得大于 0.15mm,圆柱度误差不得大于 0.05mm,若超过,应按规定进行更换。测量制动鼓内圆工作表面对旋转轴线的径向圆跳动误差,误差值不得大于 0.1mm,若超过需进行镗削。镗削时,应将制动鼓装在轮毂上,以轮毂内外轴承外座圈内锥面的公共轴线为基准进行镗削。

针对制动蹄的故障进行检修时,应目视检查制动蹄表面是否有磨损、龟裂和变形,支承销孔与支承销是否配合良好;检查制动蹄衬片的磨损程度,若龟裂和油污严重,应更换制动蹄片总成。

实训演练

鼓式制动器的拆装和检修

请扫描二维码,查看"鼓式制动器的拆装和检修"技能视频,结合视频内容及相关资料,规范地完成鼓式制动器的拆装和检修实训。

一、实训工具与装备

1)工具:
① 测量工具:游标卡尺。
② 常用工具:150 件工具套装。
③ 专用工具:台虎钳、一字螺钉旋具、定扭式扭力扳手、指针式扭力扳手。
2)设备:桑塔纳 3000、汽车举升机。
3)防护用品:棉布手套、安全鞋。

二、实训前准备

1)穿戴好个人防护用品。
2)铺设车内防护三件套。

三、拆卸车轮

1)进入车内,检查并确认驻车制动器拉杆拉起至处于完全驻车制动状态。
2)使用 17mm 套筒、接杆、指针式扭力扳手组合工具,按对角线顺序预松车轮固定

螺栓。

3）举升车辆至合适高度，如图 3-2-20 所示。

4）使用 17mm 套筒、接杆、棘轮扳手组合工具，按对角线顺序拆卸车轮固定螺栓并取下。

5）取下车轮，并妥善放置，如图 3-2-21 所示。

图 3-2-20　举升车辆

图 3-2-21　取下车轮

四、鼓式制动器拆检

1. 制动鼓拆卸

1）降下车辆，彻底释放驻车制动器拉杆。

2）再次将车辆举升至合适高度。

3）使用 TX30 套筒、接杆、棘轮扳手组合工具，拆卸制动鼓 1 个固定螺栓，如图 3-2-22 所示。

4）用手晃动制动鼓，待其松动后取下，如图 3-2-23 所示。

图 3-2-22　拆卸螺栓

图 3-2-23　取下制动鼓

注意事项：制动鼓及制动蹄摩擦块上存在大量石墨粉尘，会对人体呼吸系统造成严重伤害。因此拆卸制动鼓时，应动作轻柔，避免出现扬尘情况。严禁使用吹尘枪清洁制动器各部件。

2. 鼓式制动器检查

1）使用湿抹布清洁制动鼓上的脏污。
2）检查制动鼓是否存在高温烧蚀、异常磨损等故障现象。
3）检查制动主缸活塞有无卡滞。
4）检查制动皮碗是否有破损或油液泄漏。
5）检查制动器弹簧有无弯曲、过度拉伸、裂纹及严重锈蚀情况。
6）检查制动蹄摩擦衬块有无缺损、裂纹、油污和高温情况。

3. 制动蹄拆卸

1）使用 13mm 套筒、接杆组合工具拆卸 2 个制动蹄定位弹簧，如图 3-2-24 所示。
2）使用一字螺钉旋具撬开轮毂螺母盖板，如图 3-2-25 所示。

图 3-2-24　拆卸定位弹簧

图 3-2-25　撬开盖板

3）使用 30mm 套筒、指针式扭力扳手，预松轮毂螺母。
4）使用 30mm 套筒、接杆、棘轮扳手组合工具拧松轮毂螺母，并取下。
5）取下轮毂，并妥善放置，如图 3-2-26 所示。
6）使用一字螺钉旋具撬开右侧制动蹄，如图 3-2-27 所示。

图 3-2-26　取下轮毂

图 3-2-27　撬开右侧制动蹄

7）用手拆卸下部回位弹簧，如图 3-2-28 所示。
8）从制动皮碗两侧，向外取出制动蹄总成，如图 3-2-29 所示。

图 3-2-28 拆卸下部回位弹簧

图 3-2-29 取出制动蹄总成

9)通过拆卸左侧驻车制动推杆以及内外驻车制动推杆弹簧,将右侧制动蹄取下。

🔔 **注意事项:**

① 切勿将弹簧拉伸过长,以免造成弹簧损坏。
② 操作需注意安全,防止弹簧飞出造成人员伤害。

10)两人配合借助虎钳,将制动拉索从驻车制动推杆上脱开,如图 3-2-30 所示。
11)取下左侧带驻车制动推杆的制动蹄。

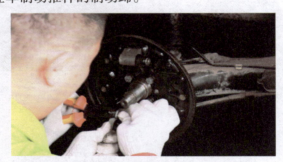
图 3-2-30 脱开制动拉索

4. 制动蹄摩擦衬块厚度测量

1)使用游标卡尺分别测量制动蹄上部、中部和下部 3 处位置的厚度,如图 3-2-31 所示。
2)使用游标卡尺测量制动蹄支架的厚度,如图 3-2-32 所示。

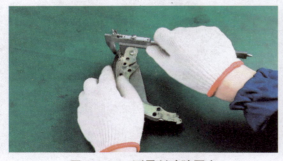
图 3-2-31 测量制动蹄厚度

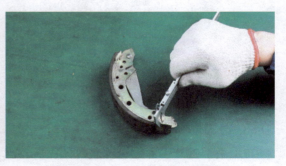
图 3-2-32 测量制动蹄支架厚度

3）将制动蹄最小测量值减去制动蹄支架的厚度，即可得到制动蹄摩擦衬块厚度。
4）确认最小厚度是否高于极限尺寸，若低于极限尺寸则需要更换制动蹄，其磨损极限为 2.5mm。

五、鼓式制动器安装

1. 制动蹄安装

1）将驻车拉索安装至制动蹄驻车推杆上。
2）安装右侧制动蹄。
3）将两侧制动蹄的顶部抵到制动主缸活塞两侧。
4）安装下部回位弹簧。
5）使用一字螺钉旋具将制动蹄卡到位。
6）检查确认制动蹄总成安装是否到位。
7）安装轮毂，拧上轮毂螺母。
8）使用 30mm 套筒、接杆、棘轮扳手，预紧轮毂螺母。
9）使用 30mm 套筒、接杆、定扭式扭力扳手，紧固轮毂螺母至 230N·m。
10）安装轮毂螺母盖。

2. 制动鼓安装

1）使用 13mm 套筒、接杆组合工具，安装制动蹄定位销。
2）安装制动鼓，并调整安装孔位置。
3）使用 TX30 套筒、接杆、棘轮扳手组合工具，安装制动鼓 1 个固定螺栓。
4）使用定扭式扭力扳手紧固制动鼓固定螺栓至 7N·m。

六、安装车轮

1）降下车辆，拉起驻车制动器拉杆至完全驻车制动状态。
2）将车轮放置于安装位置。
3）用手旋入轮胎螺栓。
4）使用 17mm 套筒、接杆、指针式扭力扳手组合工具预紧后轮轮胎固定螺栓。
5）降低车辆至轮胎着地。
6）使用 17mm 套筒、接杆、定扭式扭力扳手组合工具紧固轮胎螺栓至 120N·m。

七、整理清洁

按照 7S 管理标准，整理工具和场地。

机械式驻车制动器拆装和调整

请扫描二维码，查看"机械式驻车制动器拆装和调整"技能视频，结合视频内容及相关资料，规范地完成机械式驻车制动器拆装和调整

实训。

一、实训工具与装备

1）工具：
① 常用工具：150 件工具套装。
② 专用工具：虎钳、一字螺钉旋具、定扭式扭力扳手、指针式扭力扳手。
2）设备：桑塔纳 3000、汽车举升机。
3）防护用品：棉布手套、安全鞋。

二、实训前准备

1）穿戴好个人防护用品。
2）铺设车内防护三件套。

三、驻车制动器检查

1）进入车内，用力拉动驻车制动器拉杆，检查驻车制动器拉杆是否在规定的"咔嗒"声次数内锁止。

> 🔔 **注意事项**：拉杆锁止时标准"咔嗒"声响次数为 6~10 次，若不在标准范围内需调整驻车制动器。

2）离开车辆前，确保驻车制动器拉杆拉起至完全驻车制动状态。

四、驻车制动拉索拆卸

1. 车轮拆卸

1）使用 17mm 套筒、接杆、指针式扭力扳手组合工具，按对角线顺序预松车轮固定螺栓。
2）举升车辆至合适高度。
3）使用 17mm 套筒、接杆、棘轮扳手组合工具，按对角线顺序拆卸车轮固定螺栓并取下。
4）取下车轮，并妥善放置。

2. 驻车制动拉索拆卸

1）降下车辆，彻底释放驻车制动器拉杆。
2）再次将车辆举升至合适高度。
3）从车底中部找到制动拉锁连接器，使用 10mm 套筒、棘轮扳手拧松驻车制动拉索调节螺母，如图 3-2-33 所示。
4）用手继续拧松驻车制动拉锁调节螺母至合适位置，并从制动拉索连接器上面脱开驻车制动拉索，如图 3-2-34 所示。

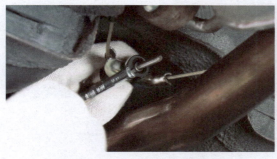 

图 3-2-33　拧松调节螺母　　　　　图 3-2-34　脱开制动拉索

5）降下车辆至合适位置。

6）以右后轮侧的制动拉索为例，依次拆卸制动鼓和制动蹄总成。

7）最后两人配合并借助虎钳，将另一侧制动拉索从驻车制动推杆上脱开，拔出制动拉索，如图 3-2-35 所示。

图 3-2-35　拔出制动拉索

8）用同样方法拆卸左后轮侧的制动拉索。

五、驻车制动拉索安装

1. 驻车制动拉索安装

1）安装制动拉索至右后轮的驻车制动推杆上。

2）依次安装制动蹄总成和制动鼓。

3）以同样方法安装左后轮的制动拉索。

4）举升车辆至合适高度。

5）将驻车制动拉索另一侧连接到拉索连接器上。

6）先用手拧紧驻车制动拉锁调节螺母。

7）使用 10mm 棘轮扳手继续拧紧驻车制动拉索调节螺母至合适位置，确保拉索和拉索连接器连接可靠。

2. 车轮安装

1）降下车辆，拉起驻车制动器拉杆至完全驻车制动状态。

2）举升车辆至合适高度，并将车轮放置于安装位置。
3）用手旋入车轮固定螺栓。
4）使用 17mm 套筒、接杆、棘轮扳手组合工具按对角线顺序预紧车轮固定螺栓。
5）降低车辆至车轮着地。
6）使用 17mm 套筒、接杆、棘轮扳手组合工具按对角线顺序拧紧车轮固定螺栓。
7）最后使用定扭式扭力扳手按对角线顺序紧固车轮固定螺栓至 120N·m。

六、驻车制动拉索调整

1）拉动驻车制动器拉杆，倾听驻车制动"咔嗒"声数量。
2）根据驻车制动"咔嗒"声数量调整驻车制动拉索锁止机构锁紧螺母张紧度。
3）若"咔嗒"声数量过多需进一步旋紧调节螺母。
4）若"咔嗒"声数量过少需进一步旋松调节螺母。

七、驻车制动效果检查

1）释放驻车制动，并将车辆举升至车轮离地。
2）用双手转动后轮，如图 3-2-36 所示，此时车轮应能轻快转动，若此时车轮转动受阻，则需将驻车制动拉索调节螺母适当旋松直至车轮轻快转动。

图 3-2-36　转动后轮

3）将车辆下降至地面，用力拉动驻车制动器拉杆至完全施加驻车制动，再将车辆举升至车轮离地。
4）再次双手用力转动后轮，此时车轮应固定不动，若此时车轮仍能转动，则需将驻车制动拉索调节螺母适当旋紧直至车轮不能转动。
5）检查完成，将车辆下降至地面。

八、整理清洁

按照 7S 管理标准，整理工具和场地。

任务练习

一、选择题

1.（　　）是制动系统中用以产生阻碍车辆运动或运动趋势的部件。
　A. 盘式制动器　　　　B. 制动条　　　　C. 鼓式制动器　　　D. 制动器

2.（　　）是鼓式制动器中的旋转零件。
　　A. 弹簧　　　　　　　　B. 旋转螺栓　　　　C. 制动鼓　　　　　D. 调整杆
3. 鼓式制动器的优点不包括（　　）。
　　A. 制动力大　　　　　　B. 造价便宜　　　　C. 符合传统设计　　D. 节省成本
4. 鼓式车轮制动器的旋转零件是（　　）。
　　A. 制动蹄　　　　　　　B. 制动鼓　　　　　C. 摩擦片　　　　　D. 制动底板
5. 一般来说，领蹄制动力矩为从蹄制动力矩的（　　）倍。
　　A. 1~2.5　　　　　　　 B. 2~3　　　　　　 C. 2~2.5　　　　　 D. 3~3.5

二、判断题

1. 鼓式制动器的旋转零件是制动蹄，固定零件是制动鼓。（　　）
2. 制动器是指产生阻碍车辆的运动或运动趋势的力的部件，不包括缓速制动系统中的缓速装置。（　　）
3. 最原始的制动控制只是驾驶人操纵一组简单的机械装置向制动器施加作用力，此时的车辆质量较小，速度较低，机械制动已满足车辆制动的需要。（　　）
4. 作为鼓式制动器中的摩擦件，制动鼓除应具有作为构件所需要的柔度和刚度外，还应具有尽可能大而稳定的摩擦系数。（　　）
5. 目前各类汽车所用的制动器大多为鼓式制动器和盘式制动器。（　　）

三、简答题

请简述鼓式制动器的检修方法。

任务三　盘式制动器检测维修

一辆比亚迪 e5 汽车，行驶了 8 万 km，最近出现了制动跑偏的现象。维修技师接车后经过路试确认了故障现象，同时还发现汽车制动时左前轮处有异响。在经过初步检查后，维修技师将故障初步锁定在前盘式制动器上。现请你根据所学知识对前盘式制动器进行检测维修。

学习目标

1）能准确列举盘式制动器的基本部件及类型。
2）能准确说出钳盘式制动器的类型及各自的结构特点。
3）能准确说出全盘式制动器的结构特点。
4）能说出钳盘式制动器和全盘式制动器的工作原理。
5）能分析盘式制动器常见故障的原因及检修方法。

6）掌握盘式制动器的拆装量测检修要点，并规范地完成实训操作。

知识储备

一、盘式制动器概述

凡利用固定零件和旋转零件工作表面的摩擦作用产生制动力矩的制动器都称为摩擦制动器，盘式制动器是摩擦制动器的一种。

1. 基本结构

盘式制动器主要由制动钳、摩擦块、制动盘、活塞等组成，如图3-3-1所示。盘式制动器中的旋转零件是以端面工作的金属圆盘，此圆盘称为制动盘。工作面积不大的摩擦块与其金属背板组成制动块，制动块及其促进装置都装在横跨制动盘两侧的夹钳形支架中，总称为制动钳。

2. 类型

按制动器中固定零件的结构，盘式制动器可分为钳盘式制动器和全盘式制动器两大类。

钳盘式制动器过去只用作中央制动器，目前已在普通乘用车上普及；全盘式制动器只有少数汽车使用，主要是重型汽车使用，个别情况下还可作为缓冲器使用。

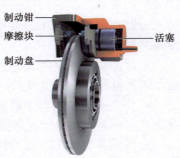

图 3-3-1 盘式制动器基本结构

3. 特点

（1）优点

1）盘式制动器无摩擦助势作用，制动力矩受摩擦系数的影响较小，热稳定性好。

2）盘式制动器浸水后效能降低较少，只需经一两次制动即可恢复正常。

3）在输出相同制动力矩的情况下，盘式制动器尺寸和质量一般较小。

4）制动盘沿厚度方向的热膨胀量极小，不会因热膨胀使制动器间隙明显增加，导致制动踏板行程过大。

5）较容易实现间隙自动调整，其他维修作业也较简便。

（2）缺点

1）效能较低，所需制动管路压力较高，一般要用伺服装置。

2）兼用于驻车制动时，需要加装的驻车制动传动装置，较鼓式制动器复杂。

二、钳盘式制动器

钳盘式制动器由旋转零件（制动盘）和固定零件（制动钳）组成。制动盘是旋转件，它以端面工作的金属圆盘。制动钳由装在横跨制动盘两侧的夹钳形支架中的制动块和促动装置组成。制动块由工作面积不大的摩擦块和金属背板组成。每个制动器中一般有2~4个制动块。

钳盘式制动器可分为浮钳盘式制动器和定钳盘式制动器两类,如图 3-3-2 所示。

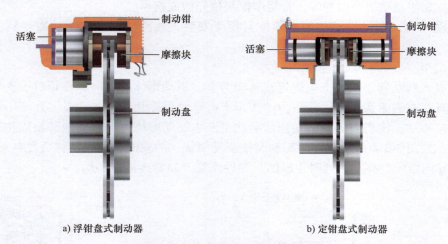

a) 浮钳盘式制动器　　　　　　　　　b) 定钳盘式制动器

图 3-3-2　钳盘式制动器类型

1. 浮钳盘式制动器

（1）结构

浮钳盘式制动器主要由制动盘、制动钳支架、制动钳壳体、保持弹簧、油封、摩擦块等部分组成,如图 3-3-3 所示。

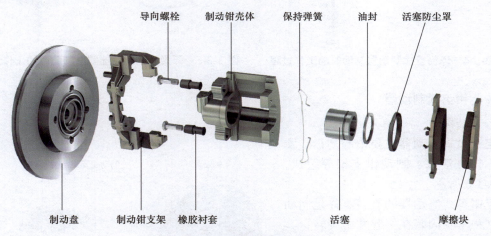

图 3-3-3　浮钳盘式制动器

浮钳盘式制动器的特点是轴向和径向尺寸小,因此制动液受热汽化的机会少。在兼做驻车制动器的情况下,不用加设驻车制动钳,只需在行车制动钳液压缸附近加装一些推动液压缸活塞的驻车制动机械传动零件即可。

（2）类型

按制动钳的运动方式,浮钳式制动器可分为滑动钳盘式制动器和摆动钳盘式制动器。

滑动钳盘式制动器的制动钳可以相对制动盘作轴向滑动。其特点是只在制动盘的内侧设置液压缸,而外侧的制动块则附装在钳体上;摆动钳盘式制动器也是单侧设置液压缸,其制动钳体与固定在车轴上的制作铰接，故不能滑动，通过与制动盘垂直的平面内摆动以实现制动。为使制动块磨损均匀，常将摩擦块预先做成楔形。

因滑动钳盘式制动器结构简单紧凑且便于安装，故滑动钳盘式制动器得到了广泛的应用。

（3）工作原理

浮钳盘式制动器制动钳支架固定在转向节上，制动钳体沿导向螺栓相对于支架轴向滑动。制动时，左侧活塞在制动液压力的作用下，推动摩擦片压紧制动盘，并使得制动钳沿导向销向左移动，使得右侧摩擦块压紧制动盘产生制动摩擦力，将动能转换成热能，促进汽车制动，如图3-3-4所示。解除制动时便恢复原状，活塞回位，止动弹簧使制动块回位，制动钳沿导向销向右移动，同时矩形油封弹性恢复，如图3-3-5所示。

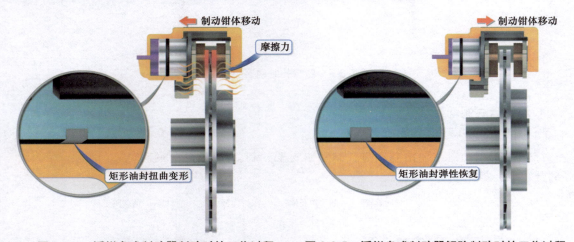

图3-3-4　浮钳盘式制动器制动时的工作过程　　图3-3-5　浮钳盘式制动器解除制动时的工作过程

2. 定钳盘式制动器

（1）结构

定钳盘式制动器主要由制动盘、摩擦块、轮缸活塞、制动钳支架等组成，如图3-3-6所示。

定钳盘式制动器的旋转零件是制动盘，它和车轮固装在一起并可旋转，其端面为摩擦工作表面。跨置在制动盘上的制动钳固定安装在车桥上，既不能旋转，也不能沿制动盘轴线方向移动，因而必须在制动盘两侧的钳体中都装设制动块促进装置，以便分别将两侧的制动块压向制动盘。

定钳盘式制动器的液压缸较多，制动钳结构复杂；液压缸分置于制动盘两

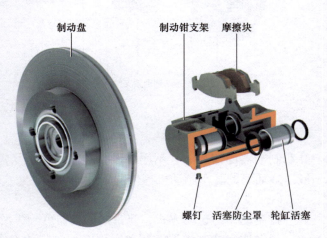

图3-3-6　定钳盘式制动器组成

侧,必须用跨越制动盘的钳内油道或外部油管来连通,这必然使得制动钳的尺寸过大,难以安装在普通乘用车的轮辋内;热负荷大时,液压缸,特别是外侧液压缸和跨越制动盘的油管或油道中的制动液容易受热汽化;若要兼用于驻车制动,则必须加装一个机械促动的驻车制动钳。由于定钳盘式制动器的这些特点,目前已经较少使用了。

(2)工作原理

定钳盘式制动器的工作原理如图 3-3-7 所示。

制动时,制动液被压入内外两侧液压缸中,两个活塞在液压作用下移向制动盘,并通过垫圈和压圈将制动块压靠到制动盘上。在活塞移动过程中,橡胶密封圈的刃边在摩擦作用下随活塞移动,使密封圈产生弹性变形。

解除制动时,活塞连同垫圈和压圈在密封圈的弹力作用下退回,直到密封圈变形完全消失为止。

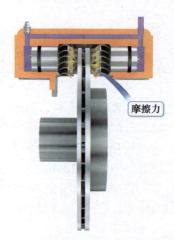

图 3-3-7 定钳盘式制动器制动的工作原理

三、全盘式制动器

1. 结构

全盘式制动器摩擦副的固定零件和旋转零件都是完整的圆盘,其旋转件也是以端面工作的金属圆盘,固定零件是呈圆盘形的金属背板和摩擦片,其结构如图 3-3-8 所示。工作时,制动盘和摩擦片间的摩擦面全部接触。

2. 工作原理

制动时,液压缸活塞连同套筒在液压作用下,压缩回位弹簧,将所有固定盘和旋转盘都推向外侧壳体。解除制动时,回位弹簧使活塞和套筒回位。

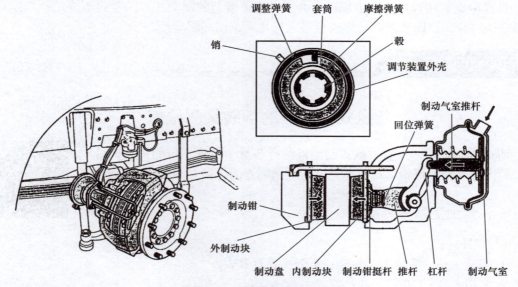

图 3-3-8 全盘式制动器结构

四、盘式制动器的常见故障与检修方法

1. 故障类型

盘式制动的常见损伤主要有制动盘磨损、表面有擦痕、端面圆跳动有误差；制动片磨损；制动块磨损至极限或磨损不均匀，从而导致车辆的制动力不平衡、制动失灵和制动不良等故障。

2. 检修方法

（1）制动盘

针对制动盘的故障进行检修时，应首先目视检查其表面是否有裂纹、变形、磨损或沟槽。需要注意的是，制动盘表面有划痕是正常现象，但是当制动盘表面的擦痕过深，超过0.5mm 的极限值，应更换制动盘；如果只有一侧有擦痕，应抛光修理有划痕这一侧。

使用千分尺测量距制动盘边缘10mm处三点的厚度（角度间隔120°），与标准厚度比较磨损极限为2mm。若磨损严重，需更换制动盘。

将制动盘固定在轮毂上，使用百分表检查其端面圆跳动量，圆跳动量应不大于0.06mm，若超过此数值应更换制动盘。

（2）制动块

针对制动块的故障，进行检修时应目视检查制动块表面是否出现过度光滑发亮、烧蚀或被污物污染，若有，需清洗或更换制动块。

检查制动块的磨损是否均匀，最大不均匀磨损量不得超过1mm。若磨损量过大，需更换制动块。

使用游标卡尺测量摩擦衬片3个点或4个点的厚度，使用极限为2mm。若超过使用极限应更换制动块。

（3）制动片

目视检查制动衬片，若出现过度磨损，应更换新的制动片。注意：不能用砂纸抛光制动器垫块衬片，否则砂纸的硬颗粒会渗入衬片内，损坏制动盘。

实训演练

盘式制动器的拆装量测检修

请扫描二维码，查看"盘式制动器的拆装量测检修"技能视频，结合视频内容及相关资料，规范地完成盘式制动器的拆装量测检修实训。

一、实训工具与装备

1）工具：
① 测量工具：游标卡尺、外径千分尺、百分表。
② 常用工具：150件工具套装。
③ 专用工具：定扭式扭力扳手、指针式扭力扳手。

2）设备：2018 款比亚迪 e5、汽车举升机。
3）防护用品：手套、安全鞋。
4）耗材：记号笔。

二、实训前准备

1）穿戴好个人防护用品。
2）铺设车内防护三件套。
3）铺设车外防护三件套。
4）检查确认车辆状态正常。

三、盘式制动器的拆卸

1. 车轮拆卸

1）使用轮胎固定螺母保护盖夹取下轮胎固定螺母 5 个保护盖，如图 3-3-9 所示。
2）使用 21mm 套筒、接杆、指针式扭力扳手组合工具按对角顺序预松轮胎 5 个固定螺母，如图 3-3-10 所示。
3）举升车辆至轮胎离地，如图 3-3-11 所示。
4）使用 21mm 套筒、接杆、棘轮扳手组合工具拆卸轮胎 5 个固定螺母，如图 3-3-12 所示。

图 3-3-9　取下保护盖

图 3-3-10　预松固定螺母

图 3-3-11　举升车辆

图 3-3-12　拆卸固定螺母

5）取下轮胎，并妥善放置。

2. 制动盘跳动量检测

1）两人配合操作，一人在车内踩住制动踏板，另一人将轮胎螺母安装至制动盘外侧，先使用21mm套筒、接杆、棘轮扳手组合工具预紧，如图3-3-13所示，再使用定扭式扭力扳手紧固至规定力矩，如图3-3-14所示。

2）举升车辆至合适高度，如图3-3-15所示。

3）使用抹布清洁制动盘表面，如图3-3-16所示。

图3-3-13 预紧

图3-3-14 紧固至规定力矩

图3-3-15 举升车辆

图3-3-16 清洁制动盘

4）取出百分表，确认其正常可用，将百分表安装至磁力表座固定夹上，如图3-3-17所示。

5）将磁力表座固定至减振器下部，如图3-3-18所示。

图3-3-17 安装百分表

图3-3-18 固定磁力表座

6）调整磁力表座，将百分表测量头放置于制动盘边缘10mm位置，并压缩1mm，调整百分表表盘，使指针对准零位，如图3-3-19所示。

7）使用21mm套筒、接杆、棘轮扳手组合工具转动轮胎固定螺母，观察百分表指针转动情况，读取数值并记录，如图3-3-20所示，跳动量为最大值减去最小值，测量值不应超出0.08mm的维修极限，否则需更换新的制动盘。

项目三 新能源汽车制动系统检测维修

图 3-3-19　调整百分表

图 3-3-20　测量跳动量

8）取下百分表磁力表座，取下百分表，清洁后放回原位。

9）两人配合操作，一人在车内踩住制动踏板，另一人使用 21mm 套筒、接杆、指针式扭力扳手组合工具预松轮胎 5 个固定螺母（图 3-3-21），再使用 21mm 套筒、接杆、棘轮扳手组合工具拆卸轮胎 5 个固定螺母（图 3-3-22）。

图 3-3-21　预松固定螺母

图 3-3-22　拆卸固定螺母

3. 制动卡钳支架拆卸

1）举升车辆至合适位置。

2）使用 13mm 套筒、指针式扭力扳手组合工具配合 21mm 扳手预松制动卡钳下部固定螺栓，如图 3-3-23 所示。

3）使用 13mm 套筒、棘轮扳手组合工具配合 21mm 扳手拆卸制动卡钳下部固定螺栓，如图 3-3-24 所示。

图 3-3-23　预松固定螺栓

图 3-3-24　拆卸固定螺栓

4)用手取出制动卡钳下部固定螺栓,用同样的方法拆卸并取出上部固定螺栓。

5)向外轻轻晃动制动卡钳并取下,检查制动卡钳活塞是否有漏油痕迹,检查制动卡钳橡胶护套是否破损、老化等,如图3-3-25所示。

6)使用钢丝将制动卡钳固定在减振器上,如图3-3-26所示。

图 3-3-25　取下制动卡钳　　　　　　　图 3-3-26　固定制动卡钳

7)取下两侧制动片,并妥善放置,如图3-3-27所示。

8)取下制动片固定卡簧,如图3-3-28所示。

图 3-3-27　取下制动片　　　　　　　　图 3-3-28　取下固定卡簧

9)使用18mm套筒、指针式扭力扳手组合工具预松制动卡钳支架2个固定螺栓,如图3-3-29所示。

10)使用18mm套筒、棘轮扳手组合工具拆卸制动卡钳支架2个固定螺栓,如图3-3-30所示。

图 3-3-29　预松固定螺栓　　　　　　　图 3-3-30　拆卸固定螺栓

11)用手取下制动卡钳支架2个固定螺栓,取下制动卡钳支架,并妥善放置。

四、盘式制动器的检测

1. 摩擦片厚度检测

1）取出游标卡尺,并进行清洁。
2）使用抹布清洁制动片外表面。
3）使用游标卡尺深度测量端测量摩擦片厚度,如图 3-3-31 所示。测量 3 次,取最小值作为摩擦片的厚度,标准值应大于 2mm,若测量值小于标准值,应更换新的摩擦片。
4）测量完成后,清洁游标卡尺,并放回原位。

图 3-3-31　测量摩擦片厚度

2. 制动盘厚度检测

1）使用记号笔在制动盘上标记 8 个测量位置,如图 3-3-32 所示。
2）取出外径千分尺,清洁并进行校准操作,选择一处标记位置放置外径千分尺测砧至制动盘边缘 10mm 处。旋转外径千分尺微分套筒直至测砧贴近制动盘,旋转微调测力旋钮至其发出咔咔声后停止转动,紧固外径千分尺锁紧装置,如图 3-3-33 所示。

图 3-3-32　标记 8 个测量位置

图 3-3-33　调整千分尺

3）读取数值并记录,如图 3-3-34 所示,以同样的方法测量另外 7 处标记位置。若测量值小于最大修整极限应更换新的制动盘,标准值范围为 27.9~28.1mm,其最大修整极限为 26mm。

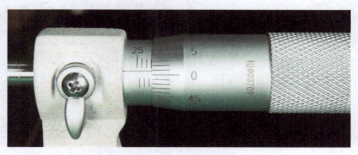

图 3-3-34　读取数值

五、盘式制动器安装

1. 盘式制动器安装

1）将制动卡钳支架放置于制动盘上，如图3-3-35所示。

2）安装制动卡钳支架固定螺栓，使用18mm套筒、棘轮扳手组合工具拧紧制动卡钳支架2个固定螺栓，如图3-3-36所示。

3）使用18mm套筒、定扭式扭力扳手组合工具紧固制动卡钳支架2个固定螺栓至120N·m，如图3-3-37所示。

图3-3-35　安装制动卡钳

图3-3-36　拧紧固定螺栓

图3-3-37　紧固固定螺栓

4）安装制动片固定卡簧，如图3-3-38所示。

5）将两侧制动片安装至制动卡钳支架上，如图3-3-39所示。

6）将制动卡钳安装到位。

7）安装制动卡钳上部固定螺栓，使用13mm套筒、棘轮扳手组合工具配合21mm扳手拧紧制动卡钳上部固定螺栓，如图3-3-40所示。

8）使用13mm套筒、定扭式扭力扳手组合工具紧固制动卡钳上部固定螺栓至45N·m，如图3-3-41所示。

9）用相同的方法安装并紧固下部固定螺栓。

图3-3-38　安装固定卡簧

图3-3-39　安装制动片

图 3-3-40　拧紧固定螺栓

图 3-3-41　紧固固定螺栓

2. 车轮安装

1）将车辆降至合适位置。

2）将轮胎放置于制动盘上，使用 21mm 套筒、接杆将轮胎 5 个固定螺母旋入，并使用 21mm 套筒、接杆、棘轮扳手组合工具预紧轮胎 5 个固定螺母。

3）将车辆降至轮胎着地，使用 21mm 套筒、接杆、定扭式扭力扳手组合工具按对角顺序紧固轮胎固定螺母至 120N·m。

4）安装轮胎固定螺母 5 个保护盖。

六、整理清洁

按照 7S 管理标准，整理工具和场地。

任务练习

一、选择题

1. 全盘式制动器在重型汽车和小型客车上采用的主要原因和作用是（　　）。
   A. 制动力大　　　　B. 制动时不尖叫　　C. 制动时热稳定性好　　D. 便于调整
2. 全盘式制动器摩擦副的固定零件和旋转零件都是（　　）形的。
   A. 椭圆盘　　　　　B. 扇　　　　　　　C. 圆盘　　　　　　　　D. 相等
3. 盘式制动器摩擦副中的旋转零件是以端面工作的金属圆盘，被称为（　　）。
   A. 制动钳　　　　　B. 制动盘　　　　　C. 制动器　　　　　　　D. 碟刹
4. 每个制动器中一般有（　　）个制动块。
   A. 2　　　　　　　　B. 1~2　　　　　　C. 4　　　　　　　　　D. 2~4
5. 下面关于盘式制动器的检查，说法正确的是（　　）。
   A. 制动盘表面有划痕是正常现象，不用因此更换制动盘
   B. 针对制动盘的损伤，进行检修时应首先目视检查其表面是否有裂纹、变形、磨损或沟槽
   C. 将制动盘固定在轮毂上，使用百分表检查其端面圆跳动量，圆跳动量应大于 0.06mm
   D. 以上选项都不正确

二、判断题

1. 盘式制动器，制动盘固定在转向节上。（   ）
2. 全盘式制动器摩擦副的固定零件和旋转零件都是完整的圆盘。（   ）
3. 盘式制动器在重型汽车和小型客车上采用的主要原因和作用是制动时热稳定性好。（   ）
4. 目视检查制动衬片，若出现过度磨损，应更换新制动片。（   ）

三、简答题

请简述盘式制动器的优缺点。

任务四　助力装置检测维修

一客户来到 4S 店，反映他的比亚迪 e5 在制动时需要用很大力气才能将车辆制动下来。维修技师经过试车确认了车辆故障，在对制动系统做了常规检查后，将故障初步锁定在制动助力装置上。请你根据所学知识对该车的制动助力装置进行检测维修。

学习目标

1）能准确描述真空助力器的结构。
2）能准确说出真空助力器的工作过程。
3）能准确描述制动踏板的结构。
4）能说出测量制动踏板自由行程的方法。
5）能分析助力装置常见故障的原因及检修方法。
6）掌握助力装置检查要点，并规范地完成实训操作。

知识储备

一、真空助力器

1. 结构

真空助力器是利用真空能（负气压能）对制动踏板进行助力的装置，由踏板机构直接操控。真空助力器主要由真空伺服气室、控制阀、膜片、回位弹簧、推杆等部分组成，如图 3-4-1 所示。

真空伺服气室由前、后壳体组成，其间夹装有伺服气室膜片，将伺服气室分成前、后两腔。前腔经真空单向阀通向发动机进气歧管或者真空罐（即真空源），后腔膜片座的毂筒中装有控制阀。控制阀主要是真空阀，它与控制阀推杆固定装在一起，控制阀推杆借调整叉与制动踏板机构连接。外界空气经过滤环和毛毡过滤环滤清后进入伺服气室后腔。伺服气室膜片座上有通道 A 和 B，通道 A 用于连通伺服气室前腔和控制阀，通道 B 用来连通伺服气室后腔和控制阀。

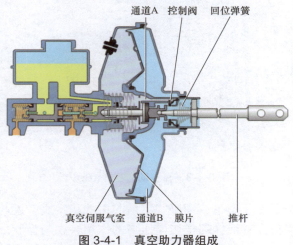

图 3-4-1　真空助力器组成

2. 工作过程

真空助力器不工作时（图 3-4-2），弹簧将推杆连同控制阀柱塞推到后极限位置（即真空阀开启），橡胶阀门则被弹簧压紧在空气阀座上，伺服气室前、后腔经通道 A（图 3-4-1）、控制阀腔和通道 B 互相连通，并与空气隔绝。

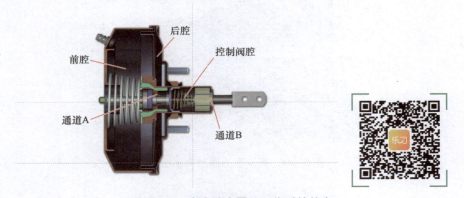

图 3-4-2　真空助力器不工作时的状态

在发动机开始工作且真空单向阀被吸开后，伺服气室左右两腔内都产生一定的真空度。当制动踏板踩下时，起初气室膜片座固定不动，来自踏板机构的操纵力推动控制阀推杆和控制阀柱塞相对于膜片座前移，如图 3-4-3 所示。

真空助力器充分工作时，控制阀推杆继续推动控制阀柱塞前移，直至位于控制阀柱塞上方的空气阀座离开橡胶阀门一定距离。外界空气充入伺服气室后腔，使其真空度降低。在此过程中，膜片与阀座也不断前移，直到阀门重新与空气阀座接触为止，如图 3-4-4 所示。

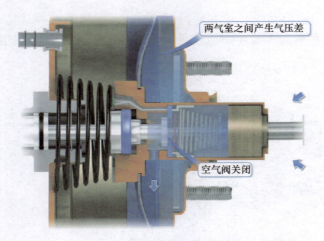

图 3-4-3　真空助力器开始助力

因此，在任何一个平衡状态下，伺服气室后腔中的稳定真空度与踏板行程呈递增函数关系，因为橡胶反作用盘具有液体那样传递压力的作用，在与橡胶反作用盘接触的面积上相比，制动主缸推杆比控制阀柱塞的大，所以作用于制动主缸推杆的力比作用于控制阀柱塞的大。

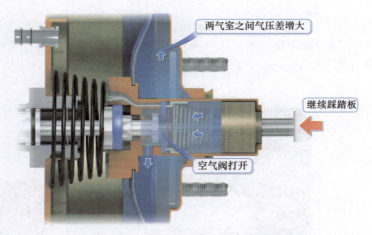

图 3-4-4　真空助力器助力平衡过程

二、储液罐

储液罐是贮存制动液并为制动系统提供和补充足够能量的制动液（见图3-4-5），保证汽车在行驶制动过程中的可靠性。

储液罐的下壳体出口处与制动主缸连接，开关体与驾驶室的液面报警装置相接，其结构主要由下壳体、上壳体旋盖、浮子磁铁、舌簧管、开关体等零件组成。当储液罐里的液面上升或下降时，浮子

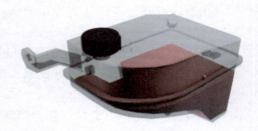

图 3-4-5　储液罐

带动磁铁随着液面同时上升或下降，当浮子上升到"MAX"的位置时，磁铁的磁力远离舌簧管开关接点，接点断开，报警装置处在非工作状态；浮子下降到"MIN"的位置时，磁铁的磁力接近舌簧管开关接点，接点接通，报警装置处在工作状态，提醒驾驶人该向储液罐内添加制动液。

三、制动踏板

1. 结构

制动踏板是制动系统的控制装置，位于驾驶室底板上，它的作用是使汽车减速或停车。制动踏板主要由制动踏板分总成、制动踏板回位弹簧、制动踏板支架分总成等组成，如图 3-4-6 所示。

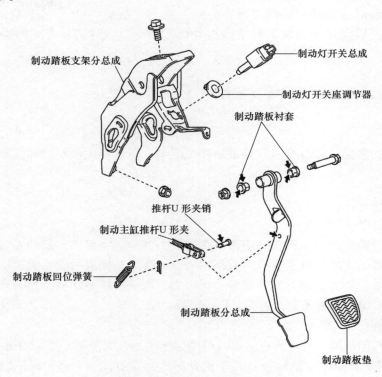

图 3-4-6　制动踏板结构

2. 自由行程

（1）定义

制动踏板自由行程是为保证不发生制动拖滞、彻底解除制动而设置的。制动踏板自由行程是指踏板踩下时，推杆接触到主缸活塞的过程中，踏板移动的距离，是制动主缸推杆与主缸活塞之间的间隙在踏板上的反映。制动踏板总行程是指制动踏板从初始位上部运动到最下部的距离。制动踏板的有效行程＝制动踏板总行程－制动踏板的自由行程。制动踏板行程如图 3-4-7 所示。

（2）测量制动踏板自由行程

测量制动踏板自由行程需关闭点火开关，确认点火开关处于关闭位置后，多次踩下制动踏板，当踩下制动踏板无阻滞感后松开制动踏板。使用钢直尺沿制动踏板一侧弧顶中心向下移至与制动底板完全抵靠，用大拇指按下制动踏板感到轻微阻力后记录制动踏板的高度值。接着松开大拇指，记录此时制动踏板的高度值，两者之间的差值即为制动踏板的自由行程。

（3）测量制动踏板的行程余量

测量制动踏板行程余量需要起动发动机，使发动机怠速运转，同时需将变速杆置于P位或N位，拉紧驻车制动器。将钢直尺沿制动踏板一侧弧顶中心向下移至与制动底板完全抵靠，以固定的力踩下制动踏板并保持不变，此时踏板高度即为制动踏板行程余量。

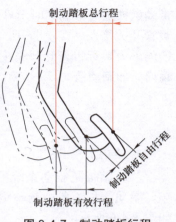

图 3-4-7　制动踏板行程

四、助力装置的常见故障及检修方法

1. 故障类型

助力装置的常见故障有真空管路破损导致泄漏、空气阀关闭不严和真空单向阀损坏导致泄漏。

2. 检修方法

（1）真空管路

针对真空管路的故障，检查时应拔下真空助力器的真空接头，起动发动机使其怠速运转，接着用手指迅速堵住真空管口。若感到强烈的吸力，则表明发动机提供的真空度足够及真空管路正常；若无强烈的吸力或根本无吸力，则应关掉发动机，检查真空管路是否有损坏、卷曲、松动或堵塞现象；若有，则需更换真空管路。

（2）空气阀

针对空气阀的故障，有两种方法可以检测空气阀是否因关闭不严导致密封不良。

1）通过制动器阻滞实验检查：将车轮升离地面悬空，一人多次踩下制动踏板，清除真空助力器中的残余真空后松开制动踏板。另一人用手转动车轮，注意其阻力大小。接着起动发动机，怠速运转1min后关闭发动机，再次用手转动车轮，若阻力增加，说明空气阀存在漏气故障。

2）直接检查：放松制动踏板，使发动机怠速运转，悬一小束棉纱或纸条于空气阀进气口，若棉纱或纸条被吸入，则说明空气阀密封不良有漏气故障。若空气阀存在漏气故障，应修理或更换空气阀。

（3）单向阀

检查时，需先使发动机怠速运转，然后关闭发动机等待5min，再次踩下制动踏板，至少在一个踏板行程中有助力作用。若无助力作用，则单向阀存在泄漏故障，需更换。

实训演练

助力装置系统检测维修

请扫描二维码,查看"助力装置系统检测维修"技能视频,结合视频内容及相关资料,规范地完成助力装置系统检测维修实训。

一、实训工具与装备

1)工具:
① 测量工具:万用表。
② 常用工具:世达 100 件工具套装。
2)设备:2018 款比亚迪 e5。
3)防护用品:手套、安全鞋。

二、实训前准备

1)穿戴好个人防护用品。
2)铺设车内防护三件套。
3)检查确认车辆状态正常。

三、真空助力系统密封性检查

1)打开车辆电源开关,深踩 2 次制动踏板,连续踩踏制动踏板数次。
2)关闭车辆电源开关,并保持踏板在踩下位置。
3)约 30s 后,如果踏板高度无变化,则密封良好,如果踏板有回升现象,则表明真空助力器有故障。

四、真空压力传感器检测

1)安装车外防护三件套,如图 3-4-8 所示。
2)断开蓄电池负极电缆,如图 3-4-9 所示。

图 3-4-8　安装车外防护三件套

图 3-4-9　断开蓄电池负极电缆

3）按压锁舌，断开真空压力传感器线束插接器 BK49，如图 3-4-10 所示。

4）安装蓄电池负极电缆，如图 3-4-11 所示。

图 3-4-10　断开插接器

图 3-4-11　安装蓄电池负极电缆

5）取出万用表，并对万用表进行校表操作，检查万用表是否正常可用，如图 3-4-12 所示。

6）将万用表调至直流电压档，将万用表的红表笔连接真空压力传感器线束插接器 BK49 的 1 号针脚，黑表笔连接车身搭铁，其标准值为 5V，如图 3-4-13 所示。

图 3-4-12　校表

图 3-4-13　电压测量

7）待万用表数值稳定后记录万用表数值，若测量值与标准值不符，则说明传感器供电线束存在故障，需对供电线束进行检修。

8）断开蓄电池负极电缆。

9）将万用表调至电阻测试档，将万用表红表笔连接真空压力传感器线束插接器 BK49 的 2 号针脚，黑表笔连接车身搭铁，其标准值小于 1Ω，如图 3-4-14 所示。

10）待万用表数值稳定后记录万用表数值，若测量值与标准值不符，则说明传感器搭铁线束故障，需对搭铁线束进行维修或更换。

11）安装真空压力传感器线束插接器 BK49。

12）目视检查真空管有无裂纹、老化、破损等情况，若有，需及时更换。

图 3-4-14　电阻测量

五、电动真空泵拆检

1. 电动真空泵拆卸

1）按压锁舌，断开真空泵线束插接器，如图 3-4-15 所示。

2）使用 10mm 套筒、接杆、棘轮扳手组合工具拆卸电动真空泵支架 4 个固定螺栓，用手旋出真空泵支架 4 个固定螺栓并取下，将真空泵上支架、橡胶支撑和真空泵一同取出，如图 3-4-16 所示。

图 3-4-15　断开插接器

图 3-4-16　取下固定螺栓

3）使用水管钳拆卸真空管固定卡箍，如图 3-4-17 所示。
4）从真空泵上拔下真空管，如图 3-4-18 所示。
5）取出真空泵并妥善放置。

图 3-4-17　拆卸真空管固定卡箍

图 3-4-18　拔下真空管

2. 电动真空泵检测

1）目视检查真空泵外观有无破损、连接线束有无老化、插接器针脚有无损坏。

2）取出万用表并对万用表进行校表操作，检查万用表是否正常可用，将万用表调至电阻测试档，红黑表笔分别连接真空泵插接器两针脚，待万用表数值稳定后记录万用表数值，标准值应小于 1Ω，如图 3-4-19 所示。

图 3-4-19　电阻测量

3. 电动真空泵安装

1）将真空管安装至电动真空泵上。
2）使用水管钳将其固定卡箍安装到位。
3）将真空泵上支架、橡胶支撑和真空泵一同装入合适位置。
4）对准真空泵支架螺栓安装孔，用手旋入真空泵支架4个固定螺栓。
5）使用10mm套筒、接杆、棘轮扳手组合工具拧紧真空泵支架4个固定螺栓。
6）使用10mm套筒、接杆、定扭式扭力扳手组合工具紧固真空泵支架4个固定螺栓至20N·m。
7）安装真空泵线束插接器。

六、制动开关拆检

1. 制动开关拆卸

1）断开制动灯开关线束插接器，如图3-4-20所示。
2）用手旋出制动灯开关并妥善安置，如图3-4-21所示。

图3-4-20　断开插接器

图3-4-21　旋出制动灯开关

2. 制动开关线路检测

注意事项：此时蓄电池电缆为断开状态，需先安装蓄电池负极电缆。

1）打开车辆电源开关，将万用表调至直流电压档，将万用表红表笔连接制动灯开关插接器G28的4号针脚，黑表笔连接车身搭铁，待万用表数值稳定后记录万用表数值，标准值范围为11~14V。若测量值与标准值不符，则说明制动灯开关供电线束存在故障，需对供电线束进行检修，如图3-4-22所示。

2）关闭车辆电源开关，将万用表档位调至电阻测试档，将万用

图3-4-22　电压测量

表红表笔连接制动灯开关插接器 G28 的 2 号针脚，黑表笔连接车身搭铁，待万用表数值稳定后记录万用表数值，标准值应小于 1Ω。若测量值与标准值不符，则说明制动灯开关搭铁线束存在故障，需对搭铁线束进行检修，如图 3-4-23 所示。

图 3-4-23　电阻测量

3. 制动开关元件检测

1）目视检查制动灯开关是否有损坏，若有应更换新的制动灯开关。

2）将万用表调至电阻测试档，将万用表的红黑表笔分别连接制动灯开关的 1 号针脚和 2 号针脚，待万用表数值稳定后记录万用表数值，其标准值为无穷大，如图 3-4-24 所示。若测量值与标准值不符，则说明制动灯开关损坏，应更换新的制动灯开关。

3）将万用表的红黑表笔分别连接制动灯开关的 3 号针脚和 4 号针脚，待万用表数值稳定后记录万用表数值，其标准值应小于 1Ω，如图 3-4-25 所示。若测量值与标准值不符，则说明制动灯开关损坏，应更换新的制动灯开关。

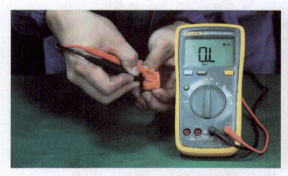

图 3-4-24　1 号和 2 号针脚电阻测量

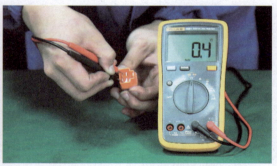

图 3-4-25　3 号和 4 号针脚电阻测量

4）按下制动灯开关，如图 3-4-26 所示。

5）将万用表的红黑表笔分别连接制动灯开关的 1 号针脚和 2 号针脚，待万用表数值稳定后记录万用表数值，其标准值应小于 1Ω，如图 3-4-27 所示。若测量值与标准值不符，则说明制动灯开关损坏，应更换新的制动灯开关。

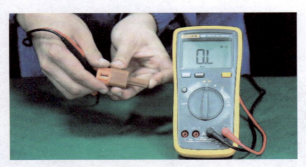

图 3-4-26　按下制动灯开关

6）将万用表的红黑表笔分别连接制动灯开关的 3 号针脚和 4 号针脚，待万用表数值稳定后记录万用表数值，其标准值为无穷大，如图 3-4-28 所示。若测量值与标准值不符，则说明制动灯开关损坏，应更换新的制动灯开关。

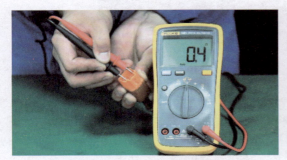

图 3-4-27　1 号和 2 号针脚电阻测量

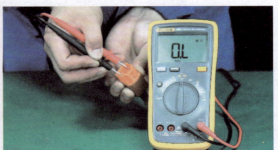

图 3-4-28　3 号和 4 号针脚电阻测量

4. 制动开关安装

注意事项：此时蓄电池电缆为连接状态，需先断开蓄电池负极电缆。

1）用手安装制动灯开关至合适位置，旋转锁止制动开关。
2）安装制动灯开关线束插接器。

七、制动踏板总成拆装

1. 制动踏板总成拆卸

1）使用尖嘴钳拆卸制动踏板销轴的开口销，取下制动踏板销轴，如图 3-4-29 所示。
2）断开制动踏板开关线束插接器，如图 3-4-30 所示。
3）使用 13mm 套筒、接杆、棘轮扳手组合工具拆卸制动踏板支架 4 个固定螺栓。
4）使用 13mm 套筒、接杆、棘轮扳手组

图 3-4-29　取下销轴

合工具拆卸制动踏板支架上方 1 个固定螺栓。

5）取出制动踏板总成。

2. 制动踏板总成安装

1）将制动踏板总成放置于合适位置。

2）使用 13mm 套筒、接杆、棘轮扳手组合工具安装制动踏板支架 4 个固定螺栓。

3）使用 13mm 套筒、接杆、棘轮扳手组合工具安装制动踏板支架上方 1 个固定螺栓。

图 3-4-30　断开插接器

4）安装制动踏板开关线束插接器。

5）安装制动踏板销轴。

6）使用尖嘴钳安装制动踏板销轴的开口销。

7）安装蓄电池负极电缆。

八、整理清洁

按照 7S 管理标准，整理工具和场地。

任务练习

一、选择题

1. 以下不属于真空助力器的组成的是（　　）。
　　A. 真空伺服气室　　B. 控制阀　　C. 回位弹簧　　D. 制动片
2. 控制阀主要是（　　），它与控制阀推杆固定装在一起。
　　A. 真空阀　　B. 空气阀　　C. 转向阀　　D. 液压阀
3. 外界空气经过滤环和毛毡过滤环滤清后进入伺服气室（　　）腔。
　　A. 上　　B. 下　　C. 前　　D. 后
4. 助力装置的常见故障不包括（　　）。
　　A. 制动不灵　　B. 真空管路破损导致泄漏
　　C. 空气阀关闭不严　　D. 真空单向阀损坏导致泄漏
5. 浮子下降到"MIN"的位置时，磁铁的磁力接近舌簧管开关接点，接点接通，报警装置处在（　　）；提醒驾驶人该向储液罐内添加制动液。
　　A. 工作状态　　B. 不工作状态
　　C. 怠速状态　　D. 以上选项都不正确

二、判断题

1. 制动踏板是制动系统的控制装置，位于驾驶室底板左侧。　　　　（　　）

2. 量制动踏板自由行程不需关闭点火开关。（　　）
3. 制动踏板自由行程是为保证不发生制动拖滞、彻底解除制动而设置的。（　　）
4. 真空助力器是利用真空能（负气压能）对制动踏板进行助力的装置，由踏板机构间接操控。（　　）
5. 储液罐是贮存制动液并为制动系统提供和补充足够能量的制动液，保证汽车在行驶制动过程中的可靠性。（　　）

三、简答题

请简述真空助力器的结构组成。

任务五　驻车制动器检测维修

一客户来到 4S 店，反映其比亚迪 e5 在缓坡上制动时，车辆会有下滑趋势，且电子驻车制动指示灯会点亮。维修技师接车后经试车确认了客户所描述的故障现象，现将故障初步锁定在电子驻车制动执行器上，请你根据所学知识对电子制动执行器进行检测维修。

学习目标

1) 能准确描述驻车制动器的功用并列举其类型。
2) 能准确说出机械式驻车制动器的结构及工作原理。
3) 能准确说出电子式驻车制动器的结构及工作原理。
4) 能分析驻车制动器常见故障的原因及检修方法。
5) 掌握电动式驻车制动器的拆装量测检修要点，并规范地完成实训操作。

知识储备

一、驻车制动器的功用

一般汽车制动系统应包括两套独立的制动装置——行车制动装置（脚制动）和驻车制动装置（手制动）。驻车制动器的作用是让汽车停放安全可靠；便于汽车在坡道上起步；在汽车行车制动失效后，临时代替行车制动器；在遇到特殊情况需要紧急制动时，配合行车制动器进行制动。

驻车制动系统按照操纵方式的不同，分为机械式驻车制动系统和电子式驻车制动系统。机械式驻车制动系统是用手或者脚等人的肌体直接操纵的驻车机构，电子式驻车制动系统是利用电子控制方式实现驻车操纵的系统。

二、机械式驻车系统

1. 结构

机械式驻车制动系统主要由控制装置、传动装置和制动器组成，如图 3-5-1 所示。其中控制装置是指操纵手柄或者按钮；传动装置则是指操纵缆绳、杠杆、拉杆、轴、摇臂等机械部件。驻车制动器可以是与行车制动器共用的制动器，也可以是独立制动器。

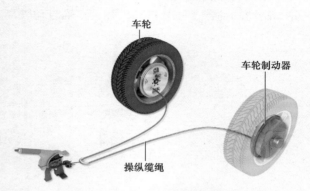

图 3-5-1 机械式驻车制动系统组成

与行车制动系统共用制动器的驻车制动系统，一般是在后轮制动器上增加一套机械操纵机构，用制动手柄控制。独立的驻车制动器一般布置在变速器之后，万向传动装置之前，是专设的中央制动器，盘式制动器和鼓式制动器都可以用作驻车制动器，但是采用中央制动器的驻车制动系统不宜用于应急制动，因为其制动力矩是作用在传动轴上的，在汽车行驶中紧急制动时，极易造成传动轴和驱动桥严重超载，还可能因差速器壳被抱死而发生左右两驱动轮的旋转方向相反，致使汽车制动时跑偏甚至掉头。

2. 工作原理

实施驻车制动时，驾驶人将驻车制动操纵杆向上扳起，并通过调整拉杆、平衡杠杆将驻车制动操纵缆绳拉紧，从而促动两后轮制动器进行驻车制动。此时，由于棘爪的单向作用，棘爪与棘爪齿板啮合，操纵杆不能反转，因此整个驻车机械制动杆能可靠地被锁定在制动位置。欲解除制动，须先将操纵杆扳起少许，再压下操纵杆端头的压杆按钮，通过棘爪压杆，使棘爪离开棘爪齿板，然后将操纵杆向下推到解除制动位置，此时缆绳放松，驻车制动解除，随后应立即放松操纵杆端按钮，使棘爪得以将整个驻车机械制动杆锁止在解除制动位置。

三、电子式驻车系统

电子式驻车制动系统（Electrical Park Brake，EPB）是由电子控制方式实现停车制动的，它是指将行车过程中的临时性制动和停车后的长时性制动功能整合在一起形成的。

1. 结构

电子驻车制动系统主要由电子驻车按钮、自动驻车按钮、电子驻车制动控制单元、驻车制动执行器、电子驻车指示灯、自动驻车指示灯、电子驻车制动指示灯等组成，如图 3-5-2 所示。

电子驻车按钮相当于驻车制动，实施驻车制动时，电子驻车按钮被手动拉起，按钮操作信号反馈给控制单元，经控制单元综合分析后，向后轮驻车制动执行器发出工作指令，对后轮制动钳实施制动；需要解除驻车制动时，按下被拉起的电子驻车按钮，控制单元会控制驻车制动执行器，使左右后制动钳解除制动。其中电子驻车还具备两种自动控制功能，一种是系统在发动机熄火后，通过整车 CAN 与该系统控制单元联合控制驻车制动执行器，对后轮制动钳实施制动；另一种是坡度驶离，在坡上，车辆起步时，控制单元控制后轮的驻车制动制动器，使其自动松开，车辆自动驶离。

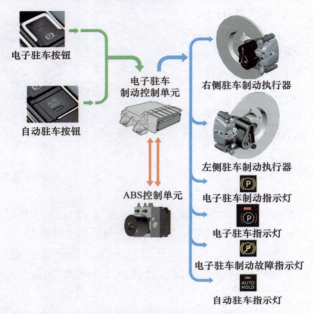

图 3-5-2　电子驻车制动执行器组成示意图

当按下自动驻车按钮时，车辆会具备自动驻车功能。只要车辆停止，自动驻车功能就能够确保车辆自动驻车，即无须再踩住制动踏板，就能实施驻车。

（1）电子驻车制动控制单元

电子驻车制动控制单元安装于中央通道下方的一个壳体内，如图 3-5-3 所示。它是 EPB 装置的控制核心部件，由蓄电池直接供电，与后轮驻车制动执行器、EPB 开关之间通过导线连接，与其他控制单元的信息通信通过 CAN 总线传输。

在电子驻车制动控制单元中集成一个车身电子稳定系统（ESP）传感器单元。它由横向加速度传感器、纵向加速度传感器以及偏移率传感器组成。来自于这些传感器的信号被应用于电子驻车制动和 ESP 控制功能。

（2）驻车制动执行器

电子驻车制动执行器是一个机电伺服单元，有两个驻车制动执行器，分别集成在后车轮的制动钳上，如图 3-5-4 所示。

驻车制动执行器主要由电动机、齿轮减速机构（包含电动机齿轮、减速齿轮和传动带）、行星轮减速机构（包含齿圈、前太阳轮、前行星轮、前行星轮支架、后太阳轮、后行星轮、后行星轮支架）、螺杆装置（包含压力螺母和螺杆）、密封圈、垫圈、支架和外壳等组成，如图 3-5-5 所示。通过各组件的配合，将"启动驻车制动"的指令转换成相应的力，使制动摩擦片压靠到制动盘上，实现驻车制动。

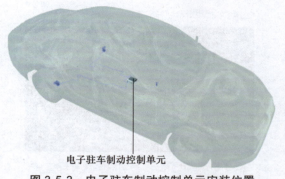
图 3-5-3　电子驻车制动控制单元安装位置

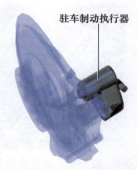
图 3-5-4　驻车制动执行器安装位置

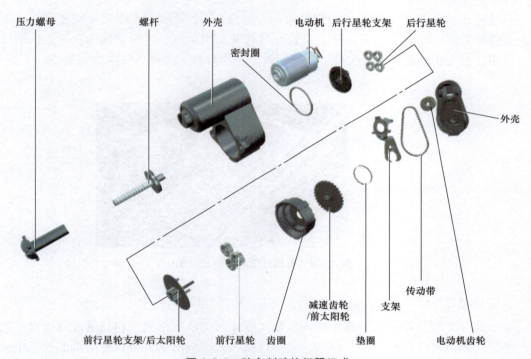
图 3-5-5　驻车制动执行器组成

（3）电子驻车按钮

电子驻车按钮一般位于变速杆左侧位置，如图 3-5-6 所示。使用电子驻车按钮可以开启和关闭电子驻车制动执行器。

在电子驻车按钮上设置有电子驻车指示灯。当提起该按钮时，指示灯亮起，电子驻车制动执行器开始工作。当按下该按钮时，指示灯熄灭，电子驻车制动执行器解除驻车制动。

当启动电子驻车制动时，位于组合仪表上的电子驻车制动指示灯会点亮；关闭时，该指示灯熄灭，如图 3-5-7 所示。

电子驻车制动故障信号灯位于组合仪表上。如果电子驻车制动执行器发生故障，该信号灯会点亮，建议立即前往专业的维修站排除故障。

图 3-5-6　电子驻车按钮安装位置

图 3-5-7　电子驻车制动故障信号灯位置

（4）自动驻车按钮

自动驻车按钮位于电子驻车按钮的后部，如图 3-5-8 所示。该按钮可实现自动驻车功能的开启与关闭。在自动驻车按钮上设置有自动驻车指示灯。当按下此按钮时，指示灯点亮，自动驻车功能起动；当再次按下此按钮时，指示灯熄灭，自动驻车功能关闭。

图 3-5-8　自动驻车按钮安装位置

2. 工作原理

电子式驻车制动系统的工作原理与机械式驻车制动系统相同，均是通过制动盘与制动片产生的摩擦力来达到控制停车制动，只不过控制方式由电子按钮和电动机配合工作来替代原来手动操作和机械连动，控制单元和电动机组件直接通过电气线束进行连接。驻车时，当驾驶者操作电子按钮后，控制单元将控制集成在左右制动卡钳中的电动机动作，并带动制动卡钳活塞移动产生机械夹紧力从而完成驻车，故该系统全称为电子控制式机械驻车制动系统。

四、驻车制动器的常见故障及检修方法

1. 故障类型

驻车制动器的常见故障主要有变形、裂纹、过度磨损、紧固连接件松动、制动器拉杆行程不合规。对于电子驻车制动器来说，常见的损伤有电动机损坏、控制单元损坏、插接器连接松动。

2. 检修方法

（1）机械式驻车器

对于机械式驻车器的故障，进行检修时应先目视检查驻车制动器有无裂纹变形，表面是否光洁、摩擦片是否烧蚀，制动片如果磨损严重则需更换。

若是驻车制动器拉杆行程不符合规定，可拧动制动器上的球形垫圈来调整驻车制动杆的工作行程，调整后需拧紧螺母。

（2）电子驻车器

若电子驻车器的电动机、控制单元损坏导致制动性能不良或失效，需更换新的电动机和控制单元；若插接器连接松动，需查阅维修手册将插接器紧固至规定的力矩。

实训演练

电子式驻车制动器拆装与检测

请扫描二维码，查看"电子式驻车制动器拆装与检测"技能视频，结合视频内容及相关资料，规范地完成电子式驻车制动器拆装与检测实训。

一、实训工具与装备

1）工具：
① 测量工具：万用表。
② 常用工具：150 件工具套装、诊断仪。
③ 专用工具：指针式扭力扳手、定扭式扭力扳手。
2）设备：2018 款比亚迪 e5、汽车举升机。
3）防护用品：棉布手套、安全鞋。

二、实训前准备

1）穿戴好个人防护用品。
2）铺设车内防护三件套。
3）检查确认车辆状态正常。
4）铺设车外防护三件套。

三、驻车制动器维修模式开启

1）将诊断仪插头连接至车辆诊断接口，打开车辆电源开关。
2）打开诊断仪电源开关，进入新能源汽车界面。
3）选择比亚迪车系，选择比亚迪 e5 车型，进入常用特殊功能界面。
4）点击电子驻车制动，进入电子驻车制动系统。

5)待车辆通信完成后,点击动作测试进入测试界面,点击装配位置,进行电机释放测试动作,如图 3-5-9 所示。

6)观察仪表,查看电子驻车指示灯是否熄灭,熄灭后仪表是否显示电子驻车已解除字样,如图 3-5-10 所示。

图 3-5-9　动作测试界面　　　　　　　　图 3-5-10　仪表盘

注意事项:若指示灯没有正常熄灭,且仪表板不显示电子驻车已解除字样,则不可进行驻车制动器拆装操作,需使用诊断仪再次进行释放。

7)检查完毕,退出特殊功能界面,关闭诊断仪。
8)关闭车辆电源开关。

四、驻车制动器拆卸

1)断开低压蓄电池负极,如图 3-5-11 所示。
2)使用轮胎固定螺栓保护盖夹,取出轮胎固定螺栓保护盖,如图 3-5-12 所示。

图 3-5-11　断开低压蓄电池负极　　　　　图 3-5-12　取出保护盖

3)使用 21mm 套筒、接杆、指针式扭力扳手组合工具,按照对角顺序,预松轮胎 5 个固定螺栓,如图 3-5-13 所示。

4)举升车辆至车轮离地。

5)使用 21mm 套筒、接杆、棘轮扳手组合工具,拆卸轮胎 5 个固定螺栓。

6)使用 21mm 套筒、接杆组合工具,拆卸并取下轮胎 4 个固定螺栓,拆卸最后 1 个轮胎固定螺栓,并取下轮胎妥善放置。

图 3-5-13　预松固定螺栓

7）举升车辆至合适位置，并锁止举升机保险。

8）断开驻车制动器线束插接器，如图 3-5-14 所示。

9）使用 T30 套筒、旋柄、棘轮扳手组合工具，拆卸驻车制动器 2 个固定螺栓，如图 3-5-15 所示。

图 3-5-14　断开插接器

图 3-5-15　拆卸固定螺栓

10）使用 T30 套筒、旋柄组合工具，拆下驻车制动器 2 个固定螺栓。

11）取下驻车制动器，并妥善放置，如图 3-5-16 所示。

图 3-5-16　取下驻车制动器

五、驻车制动器检测

1. 驻车制动器工作电路检测

1）连接低压蓄电池负极，打开车辆电源开关。

2）将万用表调至直流电压档，将万用表红表笔连接驻车电动机线束插接器K57（A）/1号针脚，黑表笔连接K57(A)/2号针脚，按下电子驻车开关按键，检测驻车制动器自检电压，待万用表数值稳定后，读取并记录万用表数值，其标准电压范围为5~7V，如图3-5-17所示。

3）拉起电子驻车开关按键，检测驻车制动器工作电压，待万用表数值稳定后，读取并记录万用表数值，其标准电压范围为11~14V，如图3-5-18所示。

图3-5-17　自检电压　　　　　　　　图3-5-18　工作电压

4）若测量值与标准值不符，则说明驻车制动器电路存在故障，需进一步检修。

2. 驻车制动器检测

1）目视检查驻车制动器外观和插接器是否损坏，若有，应更换新的驻车制动器。

2）取出万用表，并对万用表进行校表操作，检查万用表是否正常可用，如图3-5-19所示。

3）将万用表红黑表笔分别连接驻车制动器两针脚，检测电机电阻，待万用表数值稳定后，读取并记录万用表数值，标准值应小于1Ω。若测量值与标准值不符，则说明驻车制动器内部存在故障，需更换新的驻车制动器，如图3-5-20所示。

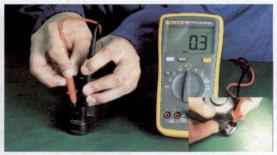

图3-5-19　校表　　　　　　　　　　图3-5-20　电阻测量

4）关闭万用表。

六、驻车制动器安装

1）断开低压蓄电池负极，用手将驻车制动器安装至制动卡钳上，如图3-5-21所示。

2）使用T30套筒、旋柄组合工具，旋进驻车制动器2个固定螺栓，使用T30套筒、旋柄、棘轮扳手组合工具，安装驻车制动器2个固定螺栓。

3）安装驻车制动器线束插接器。
4）降下车辆至合适位置。
5）将车轮安装至轴承上，如图 3-5-22 所示。

图 3-5-21　驻车制动器安装

图 3-5-22　车轮安装

6）使用 21mm 套筒、接杆组合工具，安装轮胎 5 个固定螺栓，使用 21mm 套筒、接杆、棘轮扳手组合工具，安装轮胎 5 个固定螺栓。

7）降下车辆至轮胎着地。

8）使用 21mm 套筒、接杆、定扭式扭力扳手组合工具，紧固轮胎固定螺栓至 110N·m。

9）安装轮胎固定螺栓保护盖。

七、驻车制动器维修模式关闭

1）连接低压蓄电池负极，将诊断仪插头连接至车辆诊断接口。
2）打开车辆电源开关，打开诊断仪电源开关，进入新能源汽车界面。
3）选择比亚迪车系，选择比亚迪 e5 车型。
4）进入常用特殊功能界面，点击电子驻车制动，进入电子驻车制动系统。
5）待车辆通信完成后，点击动作测试进入测试界面。
6）点击 EPB 初始化进行电机拉起测试动作，如图 3-5-23 所示。
7）观察仪表，查看仪表上是否显示电子驻车已启动字样，且电子驻车指示灯常亮，如图 3-5-24 所示。

图 3-5-23　测试界面

图 3-5-24　仪表盘

> **注意事项**：若仪表上不显示电子驻车已启动字样，且电子驻车指示灯不亮，需再次进行初始化操作；若多次初始化都未成功，则说明电子驻车系统存在故障，需要进行检修。

8）检查完毕，退出特殊功能界面，关闭诊断仪。
9）关闭车辆电源开关。

八、整理清洁

按照7S管理标准，整理工具和场地。

任务练习

一、选择题

1. 驻车制动系统按照（　　）的不同，分为机械式驻车制动系统和电子式驻车制动系统。
   A. 结构　　　　　B. 操作方式　　　　C. 外观　　　　D. 工作原理
2. （　　）装置用于使汽车停放安全可靠。
   A. 行车制动　　　B. 驻车制动　　　　C. 完全制动　　D. 液压制动
3. 实施驻车制动时，驾驶人将驻车制动操纵杆（　　）扳起，并通过调整拉杆、平衡杠杆，将驻车制动操纵缆绳拉紧，从而促动两后轮制动器进行驻车制动。
   A. 向上　　　　　B. 向下　　　　　　C. 向左　　　　D. 向右
4. 使用（　　）可以开启和关闭电子驻车制动执行器。
   A. 驻车按钮　　　B. 电子驻车按钮　　C. 制动按钮　　D. 启动按钮
5. 驻车制动器的常见故障不包括（　　）。
   A. 有划痕　　　　B. 变形　　　　　　C. 过度磨损　　D. 紧固连接松动

二、判断题

1. 实施驻车制动时，驾驶人将驻车制动操纵杆向下放，并通过调整拉杆、平衡杠杆，从而促动两后轮制动器进行驻车制动。（　　）
2. 一般汽车制动系应包括两套独立的制动系，行车制动装置（脚制动）和驻车制动装置（手制动）。（　　）
3. 驻车制动系统按照操纵方式的不同，分为机械式驻车制动系统和电子式驻车制动系统。（　　）
4. 通过各组件的配合，将"启动驻车制动"的指令转换成相应的力，使制动摩擦片压靠到制动盘上，实现驻车制动。（　　）
5. 电子驻车还具备两种自动控制功能，一种是系统在发动机熄火后，通过整车EPB与该系统控制单元联合控制驻车制动执行器，对后轮制动钳实施制动。（　　）

三、简答题

简述机械式制动器的检修方法。

任务六　ABS 检测维修

一客户来到 4S 店，反映其比亚迪 e5 接通点火开关后，ABS 故障警告灯常亮。维修技师接车后经试车确认了客户所描述的故障现象，现将故障初步锁定在 ABS 控制单元。请你根据所学知识对 ABS 进行检测维修。

学习目标

1）能准确分析制动时车轮的受力及滑移率。
2）能正确列举 ABS 的组成部件并说出各部件的功用。
3）能正确列举 ABS 的控制方法、布置形式及工作原理。
4）能分析 ABS 常见故障的原因及检修方法。
5）掌握防抱制动系统的拆装量测检修要点，并规范地完成实训操作。

知识储备

制动性能是汽车的主要性能之一。当汽车在制动过程中，车轮抱死滑移时，车轮与路面间的纵向附着系数减小很多，侧向附着系数则完全消失。这时，如果转向轮先制动抱死滑移而后轮还在滚动，汽车将失去转向能力；如果后轮先制动抱死滑移而前轮还在滚动，汽车将产生侧滑（甩尾）现象。这些都极易造成严重的交通事故。为了充分利用轮胎与地面的附着性能以获得最佳的制动效果，现代汽车上装备了电控制动防抱死系统（Anti-lock Braking System，简称 ABS），使车轮上的滑动率控制在较理想的范围之内，以此提高汽车的制动性能。

一、ABS 基础知识

1. 受力分析

（1）地面制动力

当汽车制动时，由于制动盘与制动蹄摩擦片之间的摩擦作用，形成了摩擦力矩 M_μ，如图 3-6-1 所示，此力矩与车轮转动方向相反。车轮在摩擦力矩的作用下给地面向前的作用力，与此同时，地面给车轮一个与行驶方向相反的反作用力 F_B，这个力就是地面制动力 F_μ，它是迫使汽车减速或停车的外力。

（2）制动器制动力

由于地面制动力是由地面提供的外力，若将车辆架离地面，地面制动力就不存在了。

此时阻止车路转动的是制动器摩擦力矩 M_μ，将制动器摩擦力矩 M_μ 转化为车轮边缘的一个切向力，即制动器制动力 F_μ。

（3）地面附着力

$$F_T \leq F_{\mu max} = F_\varphi = \varphi_B G$$

式中，F_T 为车轮与路面的附着力；G 为车轮对地面的垂直载荷；φ_B 为轮胎与地面的纵向附着系数。从式中可以看出，制动力的最大值 $F_{\mu max}$ 等于附着力 F_φ。在车轮对地面的垂直载荷一定时，制动力的最大值取决于车轮与地面的纵向附着系数。

（4）地面制动力 F_B、制动器制动力 F_Z 和轮胎与道路附着力 F_μ 的关系

在制动过程中，车轮的运动只有减速滚动和抱死滑移两种状态。当驾驶人踩下制动踏板的力较小时，制动摩擦力矩也小，车轮只做减速滚动。随着摩擦力矩的增加，制动器制动力和地面制动力也随之增大，且在车轮未抱死前，地面制动力始终等于制动器制动力。此时，制动器制动力可全部转化为地面制动力，但地面制动力不会超过轮胎与道路的附着力，如图 3-6-2 所示。

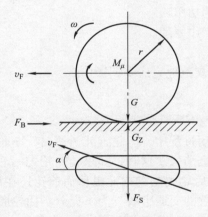

图 3-6-1 制动时的车轮受力

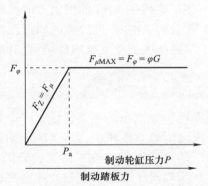

图 3-6-2 地面制动力 F_B、制动器制动力 F_Z 和轮胎与道路附着力 F_μ 的关系

2. 制动滑移率与附着系数

（1）地面附着系数

地面附着系数包括纵向附着系数和横向附着系数两种。汽车制动时产生侧滑及失去转向能力与车轮和地面间的横向附着力有关，即与横向附着系数 φ_S 有关，而横向附着系数和车轮与路面的滑移率 S 有关。

（2）滑移率

滑移率是指汽车在制动时，滑移成分所占比率，用 S 表示。若车身瞬时速度用 v，车轮圆周速度用 v_C 表示，滑移率：

$$S = (v - v_C)/v \times 100\%$$

制动滑移率与附着系数的关系如图 3-6-3 所示。纵向附着系数 φ_B 在滑移率为 20% 左右时最大，此时制动距离最短。当车轮抱死滑移率为 100% 时，纵向附着系数反而有所下降，

因而制动距离有些增长，即制动效能下降。当滑移率 S 增大时，横向附着系数 φ_S 减小，当 $S = 100\%$，即车轮抱死时，横向附着系数下降。此时，车轮在极小的侧向外力作用下即产生侧滑，转向轮抱死后将失去转向操纵能力。因此，车轮抱死后将导致制动时汽车的方向稳定性变坏。

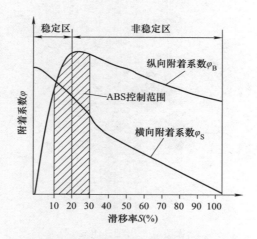

图 3-6-3　制动滑移率与附着系数的关系

通过以上分析可知，制动时车轮抱死，制动效能和制动时的方向稳定性均将变化，而如果制动时将车轮滑移率 S 控制在 15%~20%，此时纵向附着系数最大，可得到最大的地面制动力。同时，横向附着系数也保持较大值，使汽车具有良好的抗侧滑能力及制动时的转向操纵能力，因而会得到最大制动效果。

3. 制动性评价指标

制动性能是汽车使用的主要性能之一。评价制动性能的指标有制动效能、制动恒定性和制动方向稳定性 3 个方面。

（1）制动效能

制动效能是汽车制动时的效果，一般可用制动距离、制动时间和制动减速度表示。其中制动距离是最实际、最直观的表现。

（2）制动恒定性

制动恒定性主要是指抗热衰退性和抗水衰退性。抗热衰退性是指汽车在高速行驶或下坡连续制动时制动效能的稳定程度；抗水衰退性是指汽车涉水后制动效能的稳定程度。

（3）制动方向稳定性

制动时汽车的方向稳定性是指汽车在制动时仍能按指定方向的轨迹行驶，即不发生跑偏、侧滑及失去转向的能力。

二、ABS 组成

无论是液压制动系统还是气压制动系统，电子控制防抱死制动系统（ABS）均由轮速传感器、制动压力调节器和电控单元 3 大部分组成，其具体部件如图 3-6-4 所示。

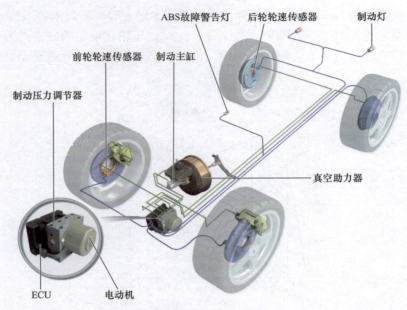

图 3-6-4　ABS 组成

1. 轮速传感器

轮速传感器通常安装在车轮处,但有些车型安装在主减速器或变速器中。其作用是测定车轮的转速,产生与车轮转速成正比的交流电压信号,并送入电控单元。常用的轮速传感器主要用电磁式轮速传感器和霍尔式轮速传感器,如图 3-6-5 所示。

(1)电磁式轮速传感器

1)结构:电磁式轮速传感器由壳体、永久磁铁、感应线圈和极轴组成,其结构如图 3-6-6 所示。极轴与永久磁铁相连,永久磁铁通过极轴延伸到齿圈并与齿圈构成回路。齿圈是一个运动部件,一般安装在轮毂上或轮轴上与车轮一起旋转。

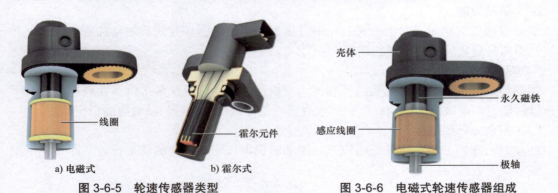

图 3-6-5　轮速传感器类型　　　　图 3-6-6　电磁式轮速传感器组成

2)工作原理:当齿圈的齿顶与传感器的铁心端部相对时,铁心端部与齿圈的空气间隙最小,传感器永磁性铁心所产生的磁力线就容易通过齿圈,感应线圈周围的磁场比较强。

当齿圈在磁场中旋转时,齿圈齿顶与电极之间的间隙就以一定速度变化,使磁路中的磁阻发生变化。其结果是使磁通量周期增减,在线圈的两端产生正比于磁通量增减速度的感应电压,并将该交流电压信号输送给电子控制器,其工作原理如图3-6-7所示。

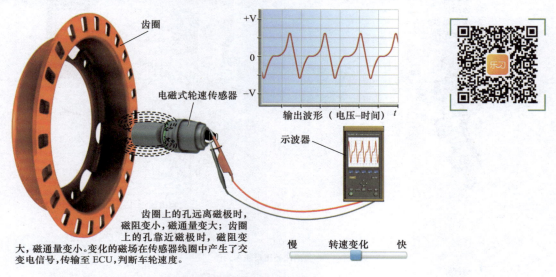

图3-6-7 电磁式传感器的工作原理

3)特点:电磁式轮速传感器结构简单,制作成本低,但频率响应不高;当车速过高时,传感器的频率响应跟不上,容易产生误信号;抗电磁波干扰能力也较差,尤其是输出信号振幅值较小时。

(2)霍尔式轮速传感器

1)结构:霍尔式轮速传感器由霍尔元件、壳体和密封圈组成,其结构如图3-6-8所示。永磁体的磁力线穿过霍尔元件通向齿轮,齿轮相当于一个集磁器。

2)工作原理:霍尔式轮速传感器利用霍尔效应原理,即在半导体薄片的两端通以控制电流,在薄片的垂直方向上施加磁场。这样,就在薄片的另两端产生一个大小与控制电流、磁感应强度乘积成正比的电势,即霍尔电势。磁感应强度随轮速变化,产生霍尔电势脉冲,经霍尔集成电路内部的放大、整形后,向外输出脉冲信号,其频率随轮速变化而变化。齿盘的转动交替改变磁阻,引起磁感应强度变化。当齿圈凹处正对霍尔元件时,穿过霍尔元件的磁力线分散,磁场相对较弱,如图3-6-9a所示;当齿圈的凸处正对霍尔元件时,穿过霍尔元件的磁力线集中,磁场相对较强,如图3-6-9b所示。

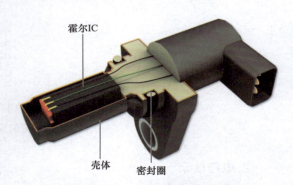

图3-6-8 霍尔式轮速传感器组成

3)特点:霍尔式传感器的特点是输出信号电压、振幅幅值不受转速影响,在电压12V

条件下，其输出信号电压保持在 11.5~12V 不变，车速下降接近零也不变；频率响应高；抗电磁波干扰能力强。

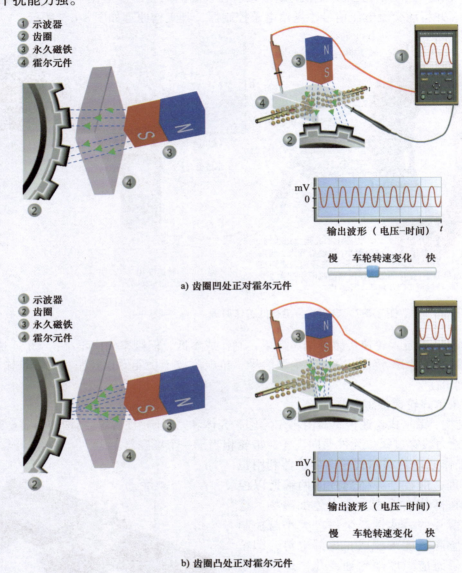

图 3-6-9 霍尔式传感器工作原理

2. 电控单元

电控单元 ECU 也称控制模块，是一种电子计算机，是 ABS 系统的控制中枢。其作用是接收并分析由轮速传感器传来的感应电压信号，计算出车轮速度，并对参考车速进行比较，得出滑动率及加减速度，并将这些信号加以分析，对制动压力调节器等执行机构发出控制指令。

此外，ECU 还对防滑控制系统有监控功能。当系统中某部件发生异常时，由指示灯或蜂鸣器发出警报信号。

3. 制动压力调节器

制动压力调节器是 ABS 的执行机构。它位于制动主缸与轮缸之间，如图 3-6-10 所示。其功能是通过电磁阀直接或间接地自动调节车轮制动器的制动压力。制动压力调节器主要由电磁阀、液压泵和储液器组成。

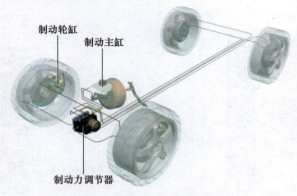

图 3-6-10　制动力调节器位置

（1）电磁阀

电磁阀一般为三位三通电磁阀，阀上有三个孔分别通往制动主缸、车轮轮缸和储液器。其作用是接收电控单元指令，通过控制阀门的切换，调节制动轮缸压力，完成增压 - 保压 - 减压 - 保压的循环调节。

增压过程中，当车轮滑移率趋于零时，感应交流电压也趋于零，电磁阀断电、柱塞下降到初始位置，主缸与轮缸油路再次相通，主缸的高压制动液重新进入轮缸，使轮缸油压回升，车轮趋于抱死的工作状态，如图 3-6-11 所示。

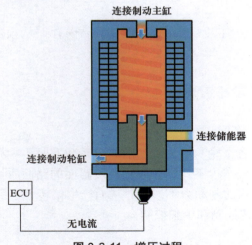

图 3-6-11　增压过程

保压过程中，轮缸减压，车轮的滑移率下降至最佳范围，此时轮速传感器产生的电压信号较弱，电磁阀通入较小电流，柱塞降至中间位置，所有油路被截断，保持轮缸压力不变，如图 3-6-12 所示。

减压过程中,当轮速传感器检测到车轮抱死的信号,感应交流电压增大,电磁阀通入较大电流,柱塞移至最上方,主缸和轮缸的通路被截断,轮缸与储液器接通,轮缸压力下降,车轮滑移率减小;与此同时,电动机起动,带动液压泵工作,把流回储液器的制动液加压后送入主缸,为下一制动过程做准备,如图3-6-13所示。

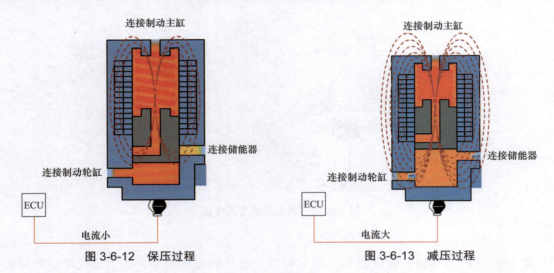

图3-6-12 保压过程　　　　　　　图3-6-13 减压过程

(2)液压泵

液压泵的作用是当电磁阀在"减压过程"中,将制动轮缸流出的制动液经储液器泵回制动主缸。液压泵多为柱塞泵,由电动机带动凸轮驱动,泵内有两个单向阀,上阀为进油阀,下阀为出油阀。柱塞上行时,轮缸及储液器的压力油推开上进油阀进入泵体内;柱塞下行,进油孔关闭,使泵腔内压力升高,使出油阀打开,将制动液压回制动主缸。

(3)储液器

储液器的作用是当电磁阀在"减压过程"中,暂时存储从轮缸流出的制动液,等待液压泵泵回主缸。

三、ABS 控制方法及布置形式

1. 控制方法

汽车在行驶过程中,各车轮与路面之间的附着系数有时不一样,这可能是由于各轮胎充气压力相差较大、载荷分布很不均匀,或同一段路面的路面质量不一样所造成的。由于不同的附着系数使两边车轮的制动力不一样,从而产生偏转力矩引起制动跑偏。目前 ABS 采用的控制方式主要有低选控制和单独控制。

(1)低选控制

当汽车前桥或后桥的左右两个车轮与地面之间的附着系数不一样时,附着系数较小的一侧车轮容易抱死,而只靠另一边车轮制动则显得整车制动力不足。为了不让车轮抱死,制动系统采用由路面附着系数小的一侧车轮的运动状态来控制制动力。该控制方式下,同轴的两个车轮有各自的车轮转速传感器,共用一个压力调节器和 ECU 的一个通道,其附着系数利用率比单独控制低。

（2）单独控制

根据各个车轮制动所需的制动力采用单独控制，以便能产生较好的制动效果。汽车采用单独控制时，每个车轮都有自己的监测和控制系统。在各种道路条件下，每个车轮都力图处于最佳制动状态。但是当汽车在左、右轮附着系数差别较大的路面上制动时，则会产生较大的偏转力矩，失去稳定性。

2. 布置形式

按 ABS 中的控制管路数之和，可分为 4 种布置形式，分别是四通道 ABS、三通道 ABS、二通道 ABS 和单通道 ABS。

（1）四通道 ABS

四通道 ABS 布置形式如图 3-6-14 所示，其特点是具有 4 个轮速传感器和 4 个控制通道，可以对各车轮进行单独控制。

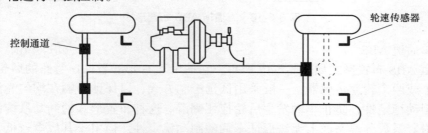

图 3-6-14　四通道 ABS 布置形式

四通道 ABS 布置形式可以独立地将 4 个车轮的滑移状态控制在最佳范围内，因此可以充分利用每个车轮的附着力，从而获得高制动效能；当汽车行驶的路面条件较稳定时，也可以获得良好的操纵稳定性。但是当左右车轮所处路面附着条件不同时，由于同轴左右车轮的制动力不等，产生附加的偏转力矩会造成汽车制动跑偏。

（2）三通道 ABS

三通道 ABS 布置形式如图 3-6-15 所示，其特点是两前轮各有一个独立的控制通道，而两后轮采用一个控制通道，制动时可以对两前轮采用独立控制，对两后轮按低选方式进行控制，即以易抱死的车轮为标准，对两后轮的制动压力进行一同控制。

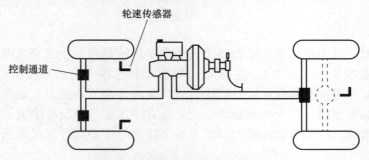

图 3-6-15　三通道 ABS 布置形式

对于轻型汽车尤其是采用前轮驱动的轻型汽车，由于前轮制动力在车辆总制动力中所占比例很高，为充分利用两个前轮的附着力，保证车辆转向，可对两前轮进行独立控制，两后轮选择低选控制以获得较好的操纵性和稳定性。

（3）二通道 ABS

二通道 ABS 是一种简易的防抱死制动系统，如图 3-6-16 所示，其特点是只有两个控制通道，所需部件比三通道和四通道布置形式少，成本较低；但功能也受到限制。此种布置形式一般用于轻型货车。

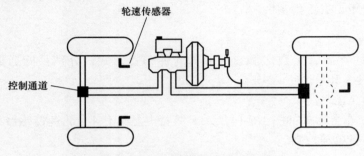

图 3-6-16　二通道 ABS 布置形式

（4）单通道 ABS

单通道 ABS 布置形式如图 3-6-17 所示，它适用于 H 形布置液压管路的后轮驱动汽车，可采用一个或两个轮速传感器，一般采用低选控制方式，以保证车辆在均匀光滑的路面上行驶时的制动稳定性，防止车辆发生后轮抱死侧滑。这种布置形式的制动系统制动距离较长，而且附着系数分离路面上无法保证车辆的制动稳定性。但由于其成本较低，适用于轴距长、重心高的轻型货车。

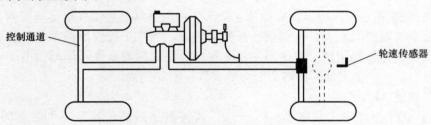

图 3-6-17　单通道 ABS 布置形式

四、ABS 工作原理

汽车制动时，首先由轮速传感器测出与制动车轮转速成正比的交流电压信号，并将该电压信号送入电控单元（ECU），由 ECU 计算出车轮速度、滑动率及车轮的加、减速度，然后再由（ECU）对这些信号加以分析比较后，向压力调节器发出制动压力控制指令，使压力调节器中的电磁阀（若为液压制动系统时还有液压泵、驱动电动机）直接或间接地控制制动压力的增减，以调节制动器的制动力矩，使之与地面附着状况相适应，防止制动车轮被抱死。

在制动过程中，如果车轮没有抱死趋势，ABS 将不参与制动压力控制，此时制动过程与常规制动系统相同。如果 ABS 出现故障，ECU 将不再对液压单元进行控制，并将仪表板上的 ABS 故障警告灯点亮，向驾驶人发出警告信号，此时 ABS 不起作用，制动过程将与无 ABS 的常规制动系统工作相同。

五、ABS 的常见故障及检修方法

1. 故障类型

ABS 的常见故障主要有 ABS 线束接头接触不良、线束腐蚀、断裂或外部屏蔽损坏；轮速传感器传感头脏污、空气间隙过大或过小、损坏；ECU 插接器松动、破损；ABS 电路故障。

2. 检修方法

（1）ABS 线束检修

ABS 线束接头接触不良、线束腐蚀、断裂或外部屏蔽损坏，都会导致 ABS 无法正常工作，需要对其进行更换。线束接头是塑料材质，通常需要与线束一起更换；个别线束接头损坏时，可更换新插头，地线与屏蔽线要焊接牢固。更换好后，需检查线束接头是否插接牢固，以防接触不良。

若是线束及其插头不存在外部损坏，需使用万用表检测，调至电阻档，检测线束是否存在短路或断路的情况，若有，需更换线束。

（2）轮速传感器检修

若是轮速传感器传感头脏污，拆下后应清除其表面的金属和脏污，并刮净传感头端面。

若是轮速传感器空气间隙不符合标准，检修时以调整为主，使用纸垫片贴紧传感头的端面进行调整。具体操作步骤是：将纸垫片贴至传感头端面，拧松传感器支架固定衬套的螺栓，旋转衬套，给固定螺栓提供一个新的锁死凹面。装复传感头，确认纸垫片始终贴在传感头端面上，推动传感头向传感器齿圈顶端移动，直至纸垫片与齿圈接触为止，保持此状态后紧固固定螺栓。

若是发现轮速传感器工作不良，应使用数字万用表测量其线路的电阻。电阻无穷大，为断路，电阻小表示存在短路，检修应以更换为主。

（3）ECU 检修

检修时晃动 ECU 插接器端口，若是插接器松动，进行紧固。

目视检查 ECU 插接器表面是否有裂纹、缺口，若有，需进行更换。

检修 ECU 时需使用排除法。使用万用表测量轮速传感器电阻，若轮速传感器电阻均符合规定值，则可以判定 ECU 损坏，需更换。

实训演练

ABS 拆装与检测

请扫描二维码，查看"防抱死制动系统拆装与检测"技能视频，结合视频内容及相关资料，规范地完成防抱死制动系统拆装与检测实训。

一、实训工具与装备

1）工具：
① 测量工具：万用表。
② 常用工具：150 件工具套装、诊断仪。
③ 专用工具：定扭式扭力扳手。
2）设备：2018 款比亚迪 e5、汽车举升机。
3）防护用品：棉布手套、安全鞋。

二、实训前准备

1）穿戴好个人防护用品。
2）铺设车内防护三件套。
3）检查确认车辆状态正常。
4）铺设车外防护三件套。

三、ABS 基本检查

1. ABS 外观检查

1）目视检查 ABS 总成外观各管路接头是否有渗漏油痕迹，若有，应更换新的 ABS 总成或管路。
2）目视检查 ABS 总成插接器是否有损坏，若有，应更换新的 ABS 总成线束。

2. ABS 自检

1）打开车辆电源开关，检查仪表 ABS 故障指示灯、制动系统警告灯是否点亮。正常情况下，应点亮几秒后熄灭。
2）关闭车辆电源开关。

四、ABS 在线检测

1）连接诊断仪套件至车辆诊断接口，打开车辆电源开关。
2）打开诊断仪，进入诊断界面，选择比亚迪车系，进入比亚迪 e5 车型。
3）使用故障诊断仪进入防抱死制动系统，读取故障码，清除防抱死制动系统故障码，再次读取故障码并记录。
4）读取防抱死制动系统相关数据流，判断系统工作是否正常。
5）退出诊断界面，关闭诊断仪电源开关。
6）关闭车辆电源开关，将诊断仪从诊断接口取下。

五、ABS ECU 电路检测

1. ABS ECU 电源电路检测

1）断开 ECU 线束插接器。

2）打开车辆电源开关，取出万用表，并对万用表进行校表操作，检查万用表是否正常可用。

3）将万用表调至直流电压档，将万用表红表笔连接 ABS ECU 插接器 B03/1 号针脚，黑表笔连接车身搭铁，检测供电电压，待万用表数值稳定后，读取并记录万用表数值，其标准范围为 11~14V，如图 3-6-18 所示。

4）将万用表红表笔连接 ABS ECU 插接器 B03/25 号针脚，黑表笔连接车身搭铁，检测供电电压，待万用表数值稳定后，读取并记录万用表数值，其标准范围为 11~14V，如图 3-6-19 所示。

图 3-6-18　B03/1 号针脚

图 3-6-19　B03/25 号针脚

5）将万用表红表笔连接 ABS ECU 插接器 B03 的 28 号针脚，黑表笔连接车身搭铁，检测供电电压，待万用表数值稳定后，读取并记录万用表数值，其标准范围为 11~14V，如图 3-6-20 所示。

图 3-6-20　B03 的 28 号针脚

6）若检测值与标准值不符，可能供电电路存在问题，需要进一步检修。

2. ABS ECU 信息通信电路检测

1）将万用表红表笔连接 ABS ECU 插接器 B03/14 号针脚，黑表笔连接车身搭铁，检测信息通信电路 CAN-L 信号电压，待万用表数值稳定后，读取并记录万用表数值，其标准值范围为 1.5~2.5V。若测量值与标准值不符，则说明 CAN-L 存在故障，需进一步检修，如图 3-6-21 所示。

2）将万用表红表笔连接 ABS ECU 插接器 B03/26 号针脚，黑表笔连接车身搭铁，检测信息通信电路 CAN-H 信号电压，待万用表数值稳定后，读取并记录万用表数值，其标准值范围为 2.5~3.5V。若测量值与标准值不符，则说明 CAN-H 存在故障，需进一步检修，如图 3-6-22 所示。

图 3-6-21　B03/14 号针脚　　　　　　　　图 3-6-22　B03/26 号针脚

3）关闭车辆电源开关。

3. ABS 总成搭铁电路检测

1）断开蓄电池负极电缆。

2）将万用表调至电阻档，红表笔连接 ABS ECU 插接器 B03/13 号针脚，黑表笔连接车身搭铁，检测搭铁电路电阻，待万用表数值稳定后，读取并记录万用表数值，其标准值应小于 1Ω，如图 3-6-23 所示。

3）将万用表红表笔连接 ABS ECU 插接器 B03/38 号针脚，黑表笔连接车身搭铁，检测搭铁电路电阻，待万用表数值稳定后，读取并记录万用表数值，其标准值应小于 1Ω，如图 3-6-24 所示。

图 3-6-23　B03/13 号针脚　　　　　　　　图 3-6-24　B03/38 号针脚

4）若检测值与标准值不符，可能搭铁电路存在问题，需要进一步检修。

六、ABS 总成拆装与检查

1. ABS 总成拆卸

1）使用 10mm 开口扳手拆卸与制动主缸连接的 2 个制动管路接头，如图 3-6-25 所示。

2）使用 12mm 和 10mm 开口扳手拆卸与制动轮缸连接的 4 个制动管路接头。

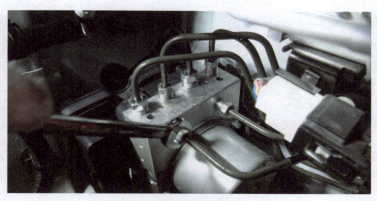

图 3-6-25 拆卸管路接头

注意事项：请勿将制动液溅洒在车辆上，否则可能会损坏车漆。如果制动液溅洒在漆面上，应立即用水将其清洗干净。

3）使用 10mm 套筒、棘轮扳手组合工具，拆卸 ABS 总成 2 个固定螺栓，如图 3-6-26 所示。

4）用力将 ABS 总成从减振橡胶垫中拔出，并妥善放置，如图 3-6-27 所示。

图 3-6-26 拆卸固定螺栓

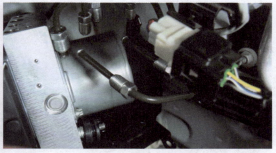

图 3-6-27 拔出 ABS 总成

2. ABS 总成检查

1）检查 ABS 总成针脚是否完整。

2）目视检查 ABS 总成与制动主缸连接的 2 个制动管路接头和与制动轮缸连接的 4 个制动管接头的螺纹孔是否正常。

3）目视检查 ABS 控制模块是否有烧蚀、裂纹等损伤。

4）检查 ABS 泵有无变形裂纹等损伤。

3. ABS 总成安装

1）安装 ABS 模块至减振橡胶垫中，如图 3-6-28 所示。

2）用手将与制动轮缸连接的 4 个制动管路接头安装至 ABS 总成螺栓孔内，如图 3-6-29 所示。

图 3-6-28　安装 ABS 模块

图 3-6-29　安装管路接头

3）用手将与制动主缸连接的 2 个制动管路接头安装至 ABS 总成螺栓孔内。

4）用手旋入 ABS 总成 2 个固定螺栓，使用 10mm 套筒、棘轮扳手组合工具，拧紧 ABS 总成 2 个固定螺栓，使用 10mm 套筒、接杆、定扭式扭力扳手组合工具，紧固 ABS 总成 2 个固定螺栓至 25N·m。

5）用手旋入与制动轮缸连接的 4 个制动管路接头至 ABS 总成螺栓孔内，用手旋入与制动主缸连接的 2 个制动管路接头至 ABS 总成螺栓孔内。

6）使用 12mm 和 10mm 开口扳手，安装与制动轮缸连接的 4 个制动管路接头，使用 10mm 开口扳手，安装与制动主缸连接的 2 个制动管路接头。

7）安装 ABS 总成线束插接器，安装蓄电池负极电缆。

8）拧开制动液储液罐盖，添加 DOT4 制动液至储液罐内"MAX"刻度线以上，如图 3-6-30 所示。

9）安装制动液储液罐盖，如图 3-6-31 所示。

图 3-6-30　添加 DOT4 制动液

图 3-6-31　安装制动液储液罐盖

注意事项：ABS ECU 拆装以后，需要使用专用诊断仪对 ABS ECU 进行标定。

七、轮速传感器拆装与检测

比亚迪 e5 的 4 个轮速传感器的拆装和检测方法相同，这里以左前轮速传感器为例。

1. 轮速传感器拆卸

1）将车辆举升至合适高度，并锁止举升机保险。

2）拆卸左前车轮，如图3-6-32所示。

3）断开左前轮速传感器线束插接器，如图3-6-33所示。

图3-6-32　拆卸左前车轮

图3-6-33　断开插接器

4）使用10mm套筒、接杆、棘轮扳手组合工具，拆卸轮速传感器1个固定螺栓。

5）取下轮速传感器，如图3-6-34所示。

6）将轮速传感器装入安装孔内，用手旋入轮速传感器的1个固定螺栓。

7）使用10mm套筒、接杆、棘轮扳手组合工具，拧紧轮速传感器的1个固定螺栓。

2. 轮速传感器检测

（1）传感器电源电路检测

1）将车辆举升至合适高度，并锁止举升机保险，打车辆电源开关。

2）打开万用表，进行校表，确认万用表正常可用，如图3-6-35所示。

图3-6-34　取下轮速传感器

将万用表调整至直流电压档，选用合适跨接线，连接至左前轮速传感器线束插接器B01（A）/2和B01（A）/1针脚，将万用表红黑表笔分别连接两根跨接线的另一端，检测传感器电源电压。待万用表数值稳定后，读取并记录万用表数值，其标准值范围为11~14V。若测量值与标准值不符，则说明轮速传感器电源电路存在故障，需进一步检修，如图3-6-36所示。

图3-6-35　校表

图3-6-36　电压测量

3）关闭车辆电源开关。

（2）轮速传感器连接线短路检测

1）将万用表调整至电阻档，选用合适跨接线，连接至左前轮速传感器连接线插接口 B01（A）/1 针脚，将万用表的红表笔接跨接线的另一端，黑表笔搭铁，检测传感器连接线对地电阻。待万用表数值稳定后，读取电阻值，其标准值应为无穷大。若测量值与标准值不符，则说明轮速传感器电源线存在故障，需进一步检修，如图 3-6-37 所示。

2）选用合适跨接线连接至左前轮速传感器连接线插接口 B01（A）/2 针脚，将万用表的红表笔接跨接线的另一端，黑表笔搭铁，检测传感器连接线对地电阻。待万用表数值稳定后，读取电阻值，其标准值应为无穷大。若测量值与标准值不符，则说明轮速传感器信号线存在故障，需进一步检修，如图 3-6-38 所示。

图 3-6-37　B01（A）/1 针脚

图 3-6-38　B01（A）/2 针脚

（3）轮速传感器检测

1）用两根合适跨接线跨接在轮速传感器与轮速传感器线束插接器之间，确保连接牢靠，传感器能正常工作，如图 3-6-39 所示。

2）安装 1 个车轮固定螺栓，如图 3-6-40 所示。

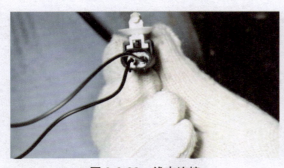

图 3-6-39　线束连接

图 3-6-40　安装螺栓

3）将万用表调整至直流电压档，将万用表红表笔连接左前轮速传感器信号线的引出线，即 B01（A）/2 针脚，黑表笔连接车身搭铁，转动车轮的情况下，检测传感器信号电压。

注意事项：此项检查需要两人配合，一人测量，一人转动车轮。

4）待万用表数值稳定后，读取并记录万用表数值，其标准值范围应为 0~1.26V。若测量值与标准值不符，则说明轮速传感器损坏，需要及时检修。测量完毕，取下跨接线。

5）拆下起辅助作用的车轮固定螺栓。
6）安装轮速传感器的线束插接器。
7）降下车辆至合适位置，并锁紧举升机保险。
8）安装左前车轮。
9）将车辆降至车轮着地，并取出举升机顶脚。

八、整理清洁

按照 7S 管理标准，整理工具和场地。

任务练习

一、选择题

1. 现代汽车上装备了电控制动防抱死系统，简称（　　）。
   A. BBS　　　　　　B. CBS　　　　　　C. ABS　　　　　　D. NBS
2. 制动性能是汽车使用的主要性能之一。评价制动性能的指标有（　　）个。
   A. 2　　　　　　　B. 4　　　　　　　C. 3　　　　　　　D. 5
3. 电控制动防抱死系统（ABS）均由（　　）、制动压力调节器和电控单元 3 大部分组成。
   A. 电子压力传感器　　　B. 轮速传感器
   C. 危险警报传感器　　　D. 速度调节器

二、判断题

1. ASR 是防抱死制动系统的缩写。　　　　　　　　　　　　　　　　　　（　　）
2. 电控单元 ECU 也称控制模块，是一种电子计算机，是 ABS 的控制中枢。（　　）
3. 制动压力调节器是 ABS 的执行机构。　　　　　　　　　　　　　　　（　　）
4. 储液器的作用是当电磁阀在"减压过程"中，暂时存储从轮缸流出的制动液，等待液压泵泵回主缸。　　　　　　　　　　　　　　　　　　　　　　　　（　　）

三、简答题

简述 ABS 采用的控制方式。

参考文献

[1] 刘冬生，陈启优，金荣. 汽车转向悬架与制动安全技术（初级）[M]. 北京：机械工业出版社，2020.
[2] 王旭斌，王顺利. 新能源汽车底盘构造与检修 [M]. 北京：高等教育出版社，2020.
[3] 瑞佩尔. 新能源汽车结构与原理 [M]. 北京：化学工业出版社，2019.
[4] 谢金红，毛平. 新能源汽车底盘检修 [M]. 北京：人民交通出版社股份有限公司，2018.
[5] 包丕利. 新能源汽车维护与保养 [M]. 北京：机械工业出版社，2018.